和平教育
PEACE EDUCATION
刘成 主编

UNESCO Chair on Peace Studies

NANJING UNIVERSITY
People's Republic of China

修复性
正义

The Little Book of
Restorative Justice

［美］霍华德·泽尔　著

刘成　译

南京师范大学出版社

图书在版编目（CIP）数据

　　修复性正义 /（美）霍华德·泽尔著；刘成译 . --
南京：南京师范大学出版社，2024.4
　　（和平教育书系 / 刘成主编）
　　书名原文：The Little Book of Restorative
Justice
　　ISBN 978-7-5651-5499-7

　　Ⅰ . ①修… Ⅱ . ①霍… ②刘… Ⅲ . ①和平学—研究
Ⅳ . ① D068

　　中国版本图书馆 CIP 数据核字（2022）第 249658 号

The Little Book of Restorative Justice by Howard Zehr
Copyright © 2015 by Good Books, an imprint of Skyhorse Publishing, Inc.
Published by arrangement with Skyhorse Publishing
through Andrew Nurnberg Associates International Limited
Simplified Chinese Translation Copyright © 2024 Nanjing Normal University Press
All rights reserved
本书简体中文版经授权由南京师范大学出版社出版发行
著作权合同登记号　图字：10-2022-393

丛 书 名　和平教育书系
丛书主编　刘　成
书　　名　修复性正义
著　　者　[美] 霍华德·泽尔
译　　者　刘　成
策划编辑　郑海燕　王雅琼
责任编辑　于丽丽
书籍设计　瀚清堂 | 李木以　陈冰菁
出版发行　南京师范大学出版社
地　　址　江苏省南京市玄武区后宰门西村 9 号（邮编：210016）
电　　话　(025)83598712（编辑部）83598919（总编办）83598412（营销部）
网　　址　http://press.njnu.edu.cn
电子信箱　nspzbb@njnu.edu.cn
印　　刷　南京新世纪联盟印务有限公司
开　　本　889 毫米 ×1194 毫米　1/32
印　　张　4.5　　字　　数　81 千
版　　次　2024 年 4 月第 1 版
印　　次　2024 年 4 月第 1 次印刷
书　　号　ISBN 978-7-5651-5499-7
定　　价　35.00 元

出 版 人　张　鹏

致谢

　　我特别感谢我的朋友和同事，他们对本书提出了反馈意见，其中包括我的学生，以及正义与建设和平中心的同事，我自1996年以来一直在此中心任教。我特别要感谢巴布·托伊斯（Barb Toews）、雅罗姆·萨瓦茨基（Jarem Sawatsky）、邦妮·普莱斯洛夫顿（Bonnie Price Lofton）、罗伯特·吉列（Robert Gillette）、弗农·詹齐（Vernon Jantzi）、拉里萨·法斯特（Larissa Fast）、阿里·戈哈尔（Ali Gohar）的细心关注和建议。

　　对于这个新版本，我尤其感谢苏加塔·巴里加（Sujatha Baliga）的仔细阅读和建议。

译者序

刘　成

21 世纪初，我在学习和平学的过程中开始接触修复性正义，并在《和平学》一书中对修复性正义与惩罚性正义作过简单对比分析。有关修复性正义的系统性学习是在 2013 年夏天，我参加了东北亚和平教育学院（NARPI）的和平教育暑期班，并选择了修复性正义这门课程。上课地点在韩国的非军事区，紧靠"三八线"，任课老师李在永（Jae Young Lee）是韩国修复性正义的开创者，也是本书作者霍华德·泽尔（Howard Zehr）的学生。虽然我对修复性正义并不陌生，但这门课的内容依然给我一种全新的感觉。我清晰地记得，我们以一起盗窃案件为例，每位学员分别扮演加害者、受害者、加害者的父母、社区代表和警察，按照本书中介绍的家庭团体会议和对话圈会议方法进行模拟练习。之后，我又多次参加了同类课程的学习，并萌发了翻译修复性正义著作的想法。

修复性正义是对惩罚性正义的一种补充和替代方案，它可以弥补现代司法实践中的不足。纠错是修复性正义的核心要素，惩罚性正义也有相似的诉求。但是，修复性正义关注各方的伤害和需求、责任和义务、投入和参与，以及合作与包容。显然，这些修复性正义的原则与惩罚性正义并不相同。而且，尊重是修复性正义原则的最重要的价值基础。尊重所有人，甚至包括我们的对立方。尊重使我们意识到彼此的相互联系，提醒我们平衡对各方需求的关注。因此，修复性正义的重心不是对加害者进行惩罚，而是在关系修复过程中，尽量满足各方的需求，修复被破坏了的关系，建立一个和平的共同体。

由此这就涉及和平学中的"和解"这一核心概念。和解是冲突各方通过共同努力，构建一种充满理解和希望的积极关系，避免过去的伤痛制约现实的发展，创造性地实现冲突的转换。和解是一个关注冲突各方的关系与利益，交流各方的感知和经验，并创建新感知和分享新经验的过程。因此，虽然本书认为和解不是修复性过程的先决条件或必要结果，但修复性正义对于正确把握冲突（暴力）之后的和解进程极为重要。可以说，修复性正义兼顾了正义和利益的最大化。当然，现代司法制度的正当性毋庸置疑，包括惩罚性正义在内的很多司法原则也都来自人类社会的经验。但是，人类对正义有无限的追求，我们需要一种更加全面和平衡的新正义观。

本书作者霍华德·泽尔是修复性正义领域的开创者。本书对修复性正义的内容、原则、实践模式等方面进行了高度提炼和概括，是修复性正义的入门必读书。修复性正义最早运用于刑事司法领域，现已被应用于社会中的诸多领域。本书适合所有人阅读，尤其是司法和执法人员，它可以帮助我们拓展对正义理论和实践的认知，提高人的全面素养，进而自觉应用于我们的工作和生活之中。

目录

1 概述

2 修复的原则

3 修复性实践

4 从这里去往哪里

附录

1

概述

我们以及我们的社会，应该如何应对不法行为？当犯罪发生时，当不公正或伤害发生时，我们需要做些什么？正义需要怎样才能来维护？媒体报道的一些事件每天都在强调解决这些问题的紧迫性。

无论我们关注的是犯罪，还是其他违法行为和伤害，西方的法律体系都深刻影响了我们对这些问题的思考。

西方法律体系的正义维护方式具有一些重要的优势。然而，人们也越来越认识到这个体系的局限性和不足之处。那些被伤害的人、那些造成伤害的人，以及其他受到影响的社区居民，他们往往认为，这一法律体系形成的刑事正义程序，并不能充分满足其需要。

司法专业人员——执法人员、法官、律师、检察官、缓刑和假释官员、狱警等也经常表现出一种挫败感。许多人认为，刑事正义程序加深了社会创伤和冲突，而不是有助于治愈创伤或促进和平。

修复性正义试图解决人们的一些需求和突破刑事正义程序的局限性。20世纪70年代以来，在世界各地的数千个社区，涌现出各种各样的修复性项目和实践。尽管在某些情况下，它们会被用作现有法律制度的替代方案，但通常被用于现有法律制度内，或配合现有法律制度一起使用。1989年以来，新西兰将修复性会议作为其整个青年正义系统的中心。

今天，在许多地方，修复性正义被认为是希望的标志和未来的方向。它能否实现这一愿景还有待观察，但很多人都对此持乐观态度。

修复性正义最初用来处理入室盗窃和其他因财产问题导致的犯罪问题，这些犯罪通常（经常不正确地）被视为程度相对较轻。然而，如今在一些社区，对于最严重的暴力犯罪也常采取修复性方法，如因酒后驾车、殴打、强奸甚至谋杀造成死亡的犯罪。依据南非真相与和解委员会（Truth and Reconciliation Commision in South Africa）的经验，人们还在努力将修复性正义框架应用于平息大规模暴力局势中。

这些方法和实践也从刑事司法系统扩展到学校、职场和宗教机构。一些人主张使用修复性方法，如对话圈法[1]（一种源自加拿大第一民族社区的做法），它是一种处理、解决和转化一般冲突的方法。还有一些人则追求使用对话圈法和其他修复性方法，作为一种建立和修复社区和谐关系的方式。著名的修复性正义倡导者凯·普拉纳斯（Kay Pranis）认为，对话圈法是一种参与式民主，它超越了简单的多数决定原则。

在西方法律制度被取代或传统正义与冲突化解方法被压制的社会中，修复性正义提供了一个重新审视甚至重新激活这些传统的框架。我有时设想，修复性正义是现代人权敏感性的关键要素和处理伤害或冲突的传统方法的结合体。

尽管"修复性正义"一词包含了各种方案和实践，但其核心是一套原则和价值观、一种哲学、一套指导

---

[1] 有关涉及冲突的利益攸关者围成圈坐在一起，有一位协调人，每个人都发表自己的意见，在讲话时，手拿一个事先准备好的"讲话权棍"，其一般用当地的小物件来充当。——译者注

性问题的替代方法。最终，修复性正义为思考一些不法行为提供了替代框架。我将在后面的章节中探讨这一框架，并说明它是如何转化为实践的。

为什么要写这本小书

在这本小书中，我的意图不是要为修复性正义辩护。我也没有探究这种方法的多重含义。相反，我希望这本书是对修复性正义的概述——如果你愿意的话，也可称之为"小册子"。虽然我将概述一些修复性正义的项目和实践，但本书重点关注的还是修复性正义的原则或思想。本书附录中列出了与修复性正义有关的其他推荐书目，这些书更深入地探索了有关修复性正义的实践模式。

本书是为那些听说过修复性正义，并好奇它意味着什么的人而编写的。同时，这也是为了让我们这些从事该领域的人的认识变得更加清晰，因为我们很容易迷失我们的方向，不确定我们究竟要做什么。

绝大多数社会创新都有一种随着它们自身的发展和传播而迷失方向的趋势，修复性正义也不例外。随着越来越多的项目被称为"修复性正义"，这个短语的含义有时会被扩大化或混淆。在现实世界中不可避免的工作压力下，修复性正义有时会被巧妙利用或偏离其原则。

修复性正义声称以受害者为导向。

受害者维权团体对此特别关注。修复性正义声称以受害者为导向，但事实果真如此吗？受害者群体常常担心，修复性正义主要希望以更积极的方式与加害者合作。就像它旨在改善或取代的刑事制度一样，修复性正义可能成为处理那些加害者问题的主要方式。

还有一些人想知道：该领域是否充分满足了加害者的需求，并以足够的努力来帮助他们成为最好的自己？修复性正义项目是否为加害者提供了充分支持，使他们履行自己的义务并改变自身的行为方式？修复性正义项目是否充分解决了造成伤害的根源，即找到了导致加害者行为的原因？这样的项目是不是变成了在新的名义下的另一种惩罚方式？那么，整个社区呢？社区是否被充分允许和鼓励参与并承担其责任？

另一个令人关切的问题是，在提出和实施修复性正义时，我们是否在复制社会中普遍存在的种族歧视和经济不平等的模式？例如，在美国实行的修复性正义项目，是否主要适用于白人？它是否充分解决了潜在的不平等问题？

过去在司法领域的变革经验告诉我们，尽管我们有良好的意图，但愿景和实践模式会不可避免地出现偏向。如果变革的倡导者不愿意承认和处理这些可能的偏向，那么努力最终就可能会与预期的结果大相径庭。事实上，其"改进"结果可能比原有情况更糟糕。

重视核心原则和价值观，这是我们对这种偏向所能采取的最重要的保障措施之一。如果我们清楚这些原则和价值观，如果我们在设计项目时牢记这些原则和价值观，如果我们对这些原则和价值观的评价持开放态度，我们就更有可能保持在正轨上。

换言之，修复性正义领域的发展如此之快，方向如此之多，我们有时很难知道如何靠诚实和创造力走向未来。我们只有对原则和目标有清晰认识，才能找到我们需要的指南针，从而在一条不可避免地充满曲折和方向不清晰的道路上寻找到自己的方向。

本书旨在以直截了当的方式阐明修复性正义的概念及其原则。然而，我必须承认，尽管我努力保持批判性和开放性，但本书的框架依然具有一定的局限性，这是由我自身的偏爱造成的。此外，尽管做出了种种努力，我还是从自己的"镜头"出发来写作，这是由我自己的特性塑造的：我是一位具有欧洲血统的白人中产阶级男性，一位基督教中门诺派教徒。我的这些个人情况以及其他的兴趣和价值观，塑造了我的声音和愿景。

尽管学界对修复性正义原则的大致框架达成了一些共识，但并非所有的原则都无可争议。你在本书中读到的是我对修复性正义的理解，这些必须同时需要被其他人的观点检验。

最后，我是在北美的社会背景下写下本书的，一些术语、提出的问题，甚至概念的表述方式等，都在一定程度上反映了我所在的社会环境。本书第 1 版已被翻译成多种语言出版，这不仅仅是语境的转换，也要考虑不同国家的实际情境。

在这样的背景和条件下，什么是"修复性正义"？很多人围绕这一术语产生了很多误解。我认为首先需要澄清一个问题，即修复性正义不是什么。对该问题的认识变得日益重要，当然这是根据我自己的认识进行阐释的。然而，在澄清之前，我将对本书做一些情况说明。

关于本书

本书第 1 版自 2002 年发行以来，已售出超过 11 万册，并在日本、前捷克斯洛伐克、巴基斯坦和伊朗等国家被翻译出版和发行。这表明，这些年来，修复性正义的研究得以迅速传播和发展，远远超出了刑事司法的范畴。事实上，英国、新西兰、韩国等国家的一些城市都在探索什么是修复性城市。美国的一些医疗保健系统已采用修复性方法来处理医疗事故，使患者和医生在满足需求和履行义务方面更加自由地互动。一些支持者认为，修复性正义实际上是一种生活方式。

至少在美国，应用修复性正义最具增长潜能的是在中小学校，近期在大学也出现了类似趋势。而本书倾向于介绍修复性正义在刑事司法领域的应用。

修复性正义在刑事司法领域内也扩大了应用范围。现在，美国大多数州在其法规和政策中都提到了修复性正义的原则或做法。一些国家在修复性正义的启发下，制定了全国性的模式。在本书第一版发行时，对刑事案件使用修复性正义的申请，大多数都是在正式指控之后提出的。然而，将案件移出司法系统处理，有时是为了解决种族歧视，现在使用修复性正义的案例日益增多。

《新吉姆克劳法：色盲时代的大规模监禁》[1]（*The New Jim Crow: Mass Incarceration in Age of Colorblindness*）是米歇尔·亚历山大（Michelle Alexander）的重要著作，该书让人们认识到美国刑事司法系统内种族歧视问题的普遍存在及其影响。这相应提高了人们对修复性正义可能助长或复制这些模式的关注。学界是否对这种可能性进行了

1　《新吉姆克劳法：色盲时代的大规模监禁》自 2010 年首次出版以来，它一直被引用在司法判决中，并被校园和社区广泛采用，影响了整整一代刑事司法改革活动人士。该书作者米歇尔·亚历山大令人难忘的论点是"我们没有结束美国的种族种姓，我们只是重新设计了它"。——译者注

充分分析？我们是否充分考虑过如何积极地利用修复性正义来解决这个问题？我们是否充分考虑了在阐明和实践修复性正义的方式中存在固有偏见和假设的可能性？我们是否鼓励并听取了关于修复性正义应有的不同声音？这些都是本书无法回答的紧迫问题。不过，希望这些问题能激发我们的讨论。

"受害者"和"加害者"的标签越来越受到质疑，虽然这些术语便于笔录速记，并且在刑事司法系统中很常见，但它们也往往过于简单和刻板化。在犯罪学中，标签理论强调，标签往往是主观的，人们可能倾向于成为他们被贴上标签的那个人。此外，在许多情况下，例如，在学校，错误行为的责任可能不明确，或一些责任可能由所有参与者分担，"受害者"和"加害者"的标签在这些情况下可能就特别不合适。这些简单标签的替代词通常又很不恰当。因此，在本书中，我尽量减少使用这些术语。

有关这个术语的争论涉及整个研究领域：它是修复性"正义"，还是修复性"实践"？在许多使用修复性方法的情境中，例如，在学校或"问题—解决"模式的案例中，"正义"一词似乎并不合适。我很高兴看到，在这些案例中，坦然承认了"正义"一词表达上的局限性。然而，根据我的经验，大多数冲突和伤害都涉及对不公正的体验或感知，我不希望失去对公正维度的认识。因此，我在本书中继续使用修复性"正义"这个术语，同时，承认在某些情况下，修复性"实践"一词可能是适用的。

根据我的经验，修复性正义要注意区分如下概念。

修复性正义不是……

1. 修复性正义主要不是关于宽恕与和解

一些受害者和受害者维权人士对修复性正义的反应是消极的，因为他们认为此类项目的目的是鼓励，甚至是强迫他们原谅那些对他们或他们所爱之人造成伤害的人，或与这些人和解。

正如我们将看到的，宽恕与和解不是修复性正义的主要原则或重点。的确，修复性正义提供了一种情境，在其中有关宽恕与和解的情况都有可能发生。事实上，在修复性正义的实践案例中，某种程度的宽恕甚至和解，或敌对和恐惧的减少，似乎比在刑事司法系统的对抗性环境中更频繁地发生。然而，这是一种因参与者而异的体验，完全取决于个人。在修复性正义案例实践中，不要给参与者压力，让他们去原谅或寻求和解。宽恕与和解都不是修复性过程的先决条件或必要结果。

2. 修复性正义并不一定意味着回到过去的环境

"修复性"这个词有时是有争议的，因为它似乎意味着回到过去，就好像错误或伤害没有发生过一样。而这是不太可能的，特别是在受到严重伤害的情况下。林恩·夏纳（Lynn Shiner）的孩子们都被谋杀了，她说与重新有关的词汇（re-）发挥不了作用："我不能重新安排任何事情，因为如果我这么做，我只会捡起凌乱的碎片，并把它们按顺序放回去……一种新的生活被建立、被创建了，但这其中仍留有我以前生活中的印记，我必须适应。"[1]

事实上，回到过去几乎是不可能的，甚至是不可

---

[1] Howard Zehr, *Transcending: Reflections of Crime Victims* (Good Books, 2001), 9.

取的。例如，一个人如果有被虐待史或创伤史，或有长期不当行为模式，就不存在自身或与他人关系健康状态的恢复问题。他们的境况需要改变，而不是恢复。同样，修复性正义的目的是改变，而不是延续种族主义和压迫的模式。

修复性正义通常涉及一种新的身份和健康认知，或者一种新的更健康的关系。许多支持者认为，这是一种让我们的世界重拾希望和归属感的方式。修复性正义从业者兼律师法尼亚·戴维斯（Fania Davis）在最近发给我的一封电子邮件中写道：

这不是要回到冲突前的状态，而是要回到最好的状态。修复性正义如果得到很好应用，其过程将为人、关系和社区的转换创造可能性。这通常与冲突前的状况截然不同。那么，我们要修复什么呢？对我来说，这是回到我们真正想要的，以一种好的方式与他人联系的那部分。回归我们所有人与生俱来的善良。有人可能会说，回到了我们所有人身上的神性。或者就像土著长老所说的，回归到我们与万物相连的那一部分。

3. 修复性正义不是调解

　　与调解项目（mediation programs）一样，许多修复性正义项目也是围绕被伤害者与造成伤害者、家庭和社区成员之间协调性的会面或接触的可能性而进行设计的。然而，当事人之间的接触并不总是合适的。此外，即使在未查明或逮捕违规一方，或者当一方当事人不愿或不能会面的情况下，修复性方法也很重要。所以，修复性方法并不局限于当事人的会面。

　　甚至当彼此接触时，"调解"一词也不能恰如其分地描述这种会面。在调解冲突或争端时，各方被认为处于公平的道德竞争环境中，往往需要各方共同承担责任。虽然这种责任感分担在某些刑事案件中可能是正确的，但在许多其他案件中并非如此。强奸案或入室盗窃案的受害人不想被称为"善辩者"。事实上，他们很可能正在努力克服自责的倾向。

　　无论如何，在大多数修复性正义的会面中，违法者必须承认对犯罪负有一定程度的责任，这类项目的一个重要组成部分就是指出并承认违法行为。在许多情况下，没有是非判断的"中性"调解言辞会有误导性，甚至令人反感。

"调解"一词虽然很早就在修复性正义领域被采用，但由于上述原因，它越来越多地被"会议"或"对话"等术语所取代。

4. 修复性正义的主要目的不是减少累犯

为了努力获得认可，修复性正义项目经常被作为减少累犯的方法而进行推广或评估使用。

我们有充分的理由相信，这样的项目会有效减少犯罪。迄今为止对这个问题的研究是相当鼓舞人心的。然而，减少累犯并不是实施修复性正义项目的主要目的。

减少累犯是一种附带目的，修复性正义首先是因为这是在做一件正确的事情。那些遭受伤害的人应能够确定自身需求并使需求得到满足；那些造成伤害的人应被鼓励承担责任；而那些间接受到伤害的人应该参与到这个过程中来，不管加害方是否得到了这些人的信息并减少了对他们的伤害。

5. 修复性正义不是一个特定的计划或蓝图

各种方案都部分或全部体现了修复性正义。但是，并没有一种纯粹的模式可以被视为理想方案，或者可以在任何社区中简单地实现。即使有三十多年的经验，我们仍然在这个领域中艰难地探索和学习。那些最令人兴奋的实践，甚至连我们这些开始第一批项目的人都无法想象。通过对话和试验，我们肯定会拥有更多的新想法。

而且，所有的模式在某种程度上都受文化限制。因此，应由社区通过对话，评估其需求和资源，确定自己的原则，自下而上地建立修复性正义。

修复性正义不是地图，但可以被视为提供方向的指南针。至少，修复性正义是一种对话和探索的切入点。

> 修复性正义是指南针，不是地图。

6. 修复性正义不限于"轻微"犯罪或初犯

相对"轻微"犯罪案件的修复性项目，往往更容易获得社区支持。然而，经验表明，修复性方法可能会对更严重的案件产生最大影响。此外，如果修复性正义的原则得到认真遵守，那么在严重案件中采取修复性方法的必要性就特别明显。修复性正义可能有助于在非常困难的情况下做出适当的正义反应。家庭暴力领域是修复性正义最具挑战性的应用领域之一，所提出的建议要非常谨慎。然而，在这一领域也有成功的修复性案例。

在所有存在权力严重失衡的犯罪中，修复性方法都具有挑战性，包括仇视性犯罪、欺凌和虐待儿童。项目设计必须考虑到这一点，协调人需要在引发暴力的根本问题上进行彻底的交叉训练。这是可以做到的，许多人认为，如果做得好，它可以产生比当前系统试图解决这些问题的方式更好的结果。

修复性正义项目似乎最适合青少年，但同样适用于成年人，许多项目是为两者而设计的。

7. 修复性正义并不是一种新的或北美的产物

现代修复性正义领域是 20 世纪 70 年代由北美社区的几个试点项目发展而来的。为了将他们的信仰与和平观点应用到严肃的刑事司法领域，门诺派和其他从业者（先在加拿大安大略省，后来在美国印第安纳州）尝试举办受害者与加害者的见面会，这些接触产生了这些社区的项目，后来成为世界各地项目的典范。修复性正义理论最初是从这些特殊努力中发展起来的。

然而，修复性正义运动并不是在真空中发展起来的。它在很大程度上归功于早期的运动以及各种文化和宗教传统。许多土著传统具有重要的修复性因素。我们要特别感谢北美和新西兰的土著居民，他们对这一领域的早期发展做出了贡献，而其他文化传统也在越来越多地提供灵感。修复性正义的先例和根源比 20 世纪 70 年代的倡议要广泛和深刻得多，它们可以追溯至人类久远的历史长河中。

8. 修复性正义不是万灵药，也不是法律制度的必然替代品

修复性正义强调犯罪的个人和人际维度。

目前实践中的修复性正义，绝不是解决所有案例的办法。即使在一个理想的领域里，也不清楚它是否应该取代法律制度。许多人认为，即使修复性正义可以得到普及，仍然需要某种形式的西方法律体系（理想情况下，是一种以修复为导向的法律体系）作为基本人权的后援和守护者。事实上，这就是少年法庭在新西兰修复性少年司法系统中发挥的作用。

修复性正义的多数倡导者认为，犯罪既有公共层面的，也有私人层面的。也许更准确的说法是，犯罪不仅具有个人和人际层面，还具有社会层面。法律体系注重公共层面，即以国家为代表的社会利益和义务。

然而，其淡化或忽视了犯罪的个人和人际方面。通过关注并提升犯罪的个人、人际和社区维度，修复性正义为我们在如何体验正义方面提供了更好的平衡方式。

9. 修复性正义不是监狱的必然替代品

在西方社会，尤其是在美国，监狱被滥用成灾。如果修复性正义得到认真对待，社会对监狱的依赖就会减少，监狱的性质也会发生重大改变。然而，修复性正义方法有时可能会与监禁判决同时使用或平行使用。修复性正义可以替代监狱，因此可以减少我们对监狱的过度依赖。然而，在某些情况下，它并不一定会消除某种形式的监禁。

10. 修复性正义不是惩罚的必然对立面

虽然我早前写过，但我不再认为修复是惩罚的极端对立面，尽管它应该减少我们对惩罚本身的依赖。稍后将对此进行详细介绍。

修复性正义关注的是需求和角色

修复性正义活动最初是为了重新思考犯罪所产生的需求以及犯罪中隐含的作用。修复性正义倡导者关注在通常的司法程序中没有得到满足的需求。他们还认为，关于谁是正义的合法参与者或利益相关者的普遍界定过于严格。

修复性正义扩大了利益相关者的范围——那些在事件或案件中有利害关系或有影响的人，不仅限于政府和加害者，还包括那些直接受害者以及社区成员。这种拓展需求和角色的观点是修复性正义的起源和基础，强调这一点非常重要。随着该领域的发展，利益相关者的界定变得更加复杂和包罗万象。

> 修复正义扩大了利益相关者的范围。

下面的讨论聚焦于一些核心问题，它们在修复性正义概念提出时就存在，并继续发挥核心作用。它们仅限于"正义的需要"——受害者的需要、加害者的需要，以及社区成员的需要，这些需要通过正义程序可以得到满足，至少是部分满足。

一、受害者：那些受到伤害的人

刑事司法背景下的修复性正义特别关注受害者的需求，这些需求没有在刑事司法系统中得到充分满足。因此，受害者经常感到在司法程序中被忽视，甚至被虐待。事实上，国家的利益与受害者的利益有时是直接冲突的。这部分源于对犯罪的法律定义，其中并不直接包括受害者本身。犯罪被定义为针对国家，所以国家代替了受害者。然而，那些受到伤害的人往往对司法程序有一些具体的需求。

由于犯罪的法律定义和刑事司法程序的性质，以下四类需求尤其会被忽视。

1. 信息（information）

案件加害者和目击者需要回答有关犯罪或罪犯的

问题，包括犯罪发生的原因和方式，以及案发后发生了什么。司法机关需要真实的信息，而不是猜测的信息，或在审判和法律强迫下获得的信息。保护真实信息通常需要直接或间接地讯问加害人和询问知情人。

2. 陈述真相（truth-telling）

当事人有讲述所发生之事的机会，这是治愈或超越犯罪经历的一个要素，具有很好的治疗效果。犯罪创伤扰乱了我们对自己和世界的看法。超越这些经历，意味着通过在特意营造的环境中讲述故事来"重新叙述"我们的生活，这些故事通常会得到公众的认可。同样重要的是，在这一过程中，受害者也会向加害者讲述自己的故事，并让他们了解其行为所造成的影响。

3. 赋权（empowerment）

受害者经常会觉得，他们所经历的冒犯行为——控制他们的财产、身体、情绪、梦想，夺走了他们的主导权。在经历司法程序时参与自己的案件，是使他们恢复赋权

感的重要途径。认同自己需求的机会和鼓励也很重要，
而不是让国家甚至受害者的支持者来定义它们。

4. 赔偿或平复（restitution or vindication）

加害者对受害者的
赔偿往往很重要，有时
是因为实际损失严重，
但同样重要的，是因为
赔偿意味着对加害行为
的某种承认。当一个加
害者努力弥补伤害，即
使只是部分弥补，这也

受害者应该能够确定
自己的需求。

是在说，"我正在承担责任，这不是你的错"。

事实上，赔偿是一种更基本的需求，即伤痛需要得
到平复。虽然平复的概念超出了本书的范围，但我相信，
当受到不公正对待时，这是我们所有人的基本需求。

赔偿是满足这一需求的众多方法之一。道歉也有
助于满足这种需求，让一个人所受的伤害被认识到。

修复性正义的理论和实践产生于一种认真对待受

害者的这些"正义需求"的努力，并深刻地塑造了这
种理论和实践。[1]

二、加害者：造成伤害的人

引起修复性正义的第二个主要关注领域是确保对
那些加害者负责。

刑事司法系统关注的是让加害者承担责任，但这
个系统中的责任意味着确保那些加害者得到他们应得
的惩罚。在这一过程中，几乎没有人会鼓励他们理解
自己行为的后果，或者同情那些被他们伤害过的人。
相反，在法庭对抗中，控辩双方都需要为自己着想。
那些加害者不敢承认他们的责任，也几乎没有机会以
具体的方式承担这一责任。事实上，长期监禁的风险
阻碍了他们讲出真话。

中和策略——那些加害者经常用来与他们所伤害
的人保持距离的刻板印象和合理化，从未受到挑战。
不幸的是，他们与社会的疏远感只会因法律程序和监

1　参阅 Zehr, *Transcending: Reflections of Crime Victims*, Part 2. 内有对
受害者正义需求的更全面的描述。

狱经历而加剧；事实上，他们常常觉得自己是制度和社会的受害者。因此，出于各种原因，法律程序有时会阻碍那些加害者承担责任。

修复性正义已经使人们认识到惩罚的局限性和负面效果。除此之外，它还认为惩罚不是真正的问责。真正的问责包括正视自己的所作所为。这意味着鼓励那些加害者了解他们行为的影响——他们所造成的伤害，并敦促他们采取措施尽可能地把事情纠正过来。有人认为，这种问责对受害者、加害者、社会都有好处。

加害者除了对受害者和社区负有责任外，还有其他需求。如果我们期望他们承担自己的责任，改变自己的行为，成为我们社区中的一员，那么他们的需求也属于修复性正义的内容，必须得到很好解决与满足。这个主题超出了本书讨论的范围，但是下面还是给出了一些必要的建议。

那些造成伤害的人需要正义提供：

❶ 问责。

● 解决由此产生的伤害；

● 鼓励同理心和责任感；

- 改变羞耻感。[1]

❷ 鼓励体验个人转变，包括：

- 治愈导致他们加害行为的伤害，包括个人和历史创伤；[2]

- 成瘾或其他问题的治疗机会；

- 提高个人能力。

❸ 鼓励和支持融入社区。

❹ 对于少数人来说，至少是暂时的克制。

三、社区：受到犯罪影响的区域

社区及其成员也有因犯罪引起的需求。前法官巴

1　羞耻理论已成为修复性正义研究的一个重要课题。约翰·布雷斯韦特 (John Braithwaite) 在其开创性的著作《犯罪、羞耻与重新融入社会》（*Crime, Shame and Reintegration*, Cambridge University press, 1989）中认为，羞耻会使人走向犯罪。当羞耻感谴责加害行为而不是加害者，并为消除或转化羞耻感提供机会时，它是可以"再整合"的。然而，这个话题非常有争议，研究表明，羞耻确实是伤害和犯罪的一个因素，但它必须被谨慎对待。在大多数情况下，重点应该是管理或改变羞耻，而不是强加于人。

2　参阅 Carolyn Yoder, *The Little Book of Trauma Healing* (Good Books, 2005).

里·斯图尔特（Barry Stuart）和凯·普拉纳斯（Kay Pranis）等修复性正义的倡导者认为，当国家以我们的名义接管社区时，就会削弱我们的社区意识。[1] 社区受到犯罪的影响，在许多情况下，应该被视为次要受害者。社区也可能对受害者、加害者和其他社区成员负有责任。

当一个社区参与到一个案件处理中，它可以发起一个讨论会来处理这些问题，同时加强社区本身建设。这个话题也是一个很大的话题。以下列出了一些值得关注的领域。

社区需要正义来提供：

① 关注他们作为受害者的担忧。

② 建立社区意识和相互问责的机会。

③ 提供机会和鼓励，为社区内的成员，包括受到伤害和造成伤害的人，承担起其福利责任，并改善社区的健康条件。

1　参阅 Kay Pranis，*The Little Book of Circle Process.* (Good books, 2005)：Kay Dranis, Barry Stuart, and Mark Wedge, *Peacemaking Circles: From Crime to Community* (Living Justice Press, 2003).

修复性正义更多关注需要而不是处罚。

关于谁与犯罪有利害关系以及他们的需求和角色，上面已经写了很多。但是，上述对受害者、加害者和社区成员的需求和作用的基本关注，依然是修复性正义理论和实践的重点。

简而言之，法律或刑事司法系统以罪犯和惩罚为中心，确保那些犯罪者得到他们应有的惩罚。修复性正义更关注需求，包括受害者、加害者以及案件所在社区的需求。

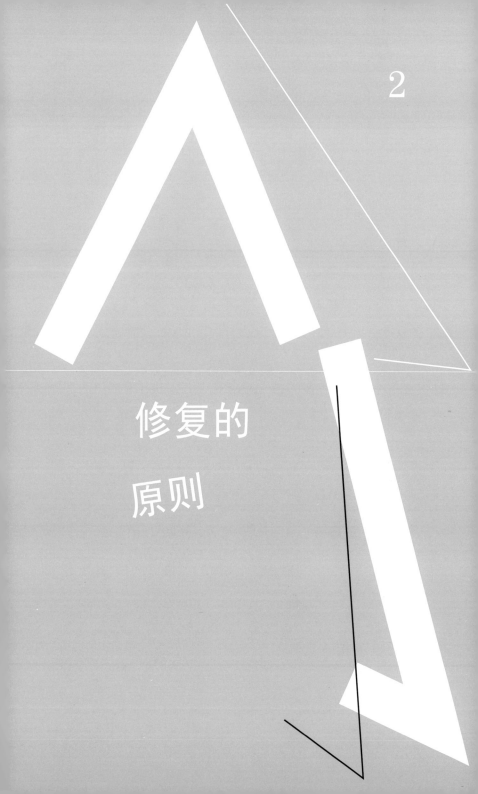

2

修复的

原则

修复性正义是基于对错误行为的古老的常识性的理解。虽然在不同的文化中，修复性正义会有不同的表达方式，但这种方法可能是大多数传统社会所共有的。对于我们这些欧洲背景的人来说，这是我们许多祖辈（甚至可能是我们的父母）理解错误行为的方式。

- "犯罪"或不法行为是对人和人际关系的侵犯。
- 违法行为产生义务。
- 核心义务是纠正错误，弥补错误所造成的伤害。

这种对错误行为的理解是基于关于社会的假设：我们都是相互联系的。在希伯来圣经中，这被嵌入

"shalom"的概念中，即生活在彼此之间、与造物主和环境之间的"完全正确"的感觉中。许多文化都有一个词来代表这种关系的中心概念。对于毛利人（Maori）来说，它由"whakapapa"传达；对于纳瓦霍人（Navajo）来说，则是"hozho"；对于许多非洲人而言，是班图语"ubuntu"；对于藏传佛教徒而言，则是"tendrel"。虽然这些词的具体含义各不相同，但它们传达了类似的信息：所有事物都在关系网中相互联系。

在这种世界观中，犯罪以及一般的不法行为，代表了社区的创伤，一种对关系网的撕裂。犯罪代表着受损的关系。事实上，被破坏的关系既是犯罪的原因，也是犯罪的后果。许多文化传统中都有这样一

对一个人的伤害就是对所有人的伤害。

种说法，即对一个人的伤害就是对所有人的伤害。犯罪这样的伤害会破坏整个关系网络。此外，不法行为

通常是关系网络失衡的征兆。

相互联系意味着相互的义务和责任。这种看待不法行为的观点强调了补救或"纠正"的重要性。事实上，对不法行为进行补救是一项义务。虽然最初的重点可能是那些造成伤害的人所承担的义务，但对相互联系的关注拓展了其他人的义务，特别是更大的社区也可能有的义务。

更根本的是，这种观点意味着关注相关人员的关系愈合——那些直接受到伤害的人，那些造成伤害的人，以及他们的社区。

这种理解与"法律"或司法正义对犯罪的理解相比，有什么不同？这两种方法的差异可以归结为在寻求正义的过程中提出的三个核心问题，如表2-1、表2-2所示。

表 2-1　两种不同的观点

司法正义	修复性正义
● 犯罪是对法律和国家的侵犯	● 犯罪是对人和人际关系的侵犯
● 违法行为造成罪恶	● 违法行为产生义务
● 正义要求国家确定罪行并施加惩罚	● 正义涉及的受害者、加害者和社区成员努力修复伤害、纠正错误
● 焦点：罪犯得到他们应有的惩罚	● 焦点：为了修复伤害，受害者的需求，加害者的责任

表 2-2　三种不同的问题

刑法正义	修复性正义
● 违反了哪些法律？	● 谁受到了伤害？
● 谁干的？	● 他们的需求是什么？
● 他们应得到什么？	● 这些是谁的义务？

在一段经常被引用的基督教和犹太教经文中，先知弥迦问了一个问题："耶和华所要的是什么？"答案以一句话开始：要行正义。但行正义需要什么？正如我们所见，西方社会的答案集中在确保那些加害者得到他们应得的惩罚。修复性正义有不同的答案，它首先关注需求和相关义务。

本书后面附录1根据上文概述的不法行为概念，对修复性正义原则及其影响进行了更全面的阐述。然而，就我们这里的目的而言，掌握相互关联的概念是理解需求、角色和义务为什么会对修复性正义如此重要的基本条件。

修复性正义的三大支柱

修复性正义的三个核心概念（或称三大支柱）：伤害和需求、义务、参与，值得被仔细研究。

图 2-1　修复性正义的三大支柱

1. 修复性正义关注的是伤害

　　修复性正义首先将犯罪理解为对人们和社区造成的伤害。我们的法律体系因为关注规则和法律，以及它认为国家是受害者的观点，所以往往忽视了这一现实。

　　法律体系主要关注的是确保那些加害者得到他们应得的惩罚，通常认为受害者只是正义的次要考虑对象。相反，集中关注伤害意味着对受害者的需要和作用的不可或缺的关注。

因此，对修复性正义来说，正义始于对受害者及其需求的关注。它寻求尽可能多地修复伤害，无论是具体的还是象征性的。这种以受害者为导向的做法，要求司法部门关注受害者的需求，即使没有罪犯被确定或逮捕。重要的是，要给那些受害者一个机会去确定他们的需求，而不是由其他人或系统来界定他们的需求。

虽然我们首先关注的是受害者所遭受的伤害，但对伤害的关注意味着我们还需要关注那些造成伤害的人以及社区所遭受的伤害。这可能需要我们关注犯罪的根本原因。修复性正义的目标是为所有相关方面提供一种治疗体验。理想情况下，修复性正义是关于预防伤害以及伤害发生后进行治疗的正义。

2. 错误或伤害导致义务

修复性正义强调对那些加害者的问责。

法律体系对问责的定义是确保犯罪之人受到惩罚。然而，如果犯罪本质上是关于伤害，问责则意味着应该鼓励他们了解这种伤害。那些加害者应该开始了解他们行为的后果。此外，这意味着他们有责任修复所造成的伤害，尽可能纠正错误，无论是具体地还是象征性地去修复。也就是说，他们有责任为受害者做些正确的事情。这不仅是"正确的"做法，而且比惩罚更有可能阻止未来再发生违法行为。

正如我们将要看到的，第一个要承担责任的是那些对伤害负有直接责任的人，社区和社会也有义务承担责任。

3. 修复性正义促进了参与

参与原则表明，受犯罪影响的主要当事方——受害者、加害者以及社区成员，在正义程序中被赋予重要的角色。这些"利益相关者"需要获得关于彼此的信息，并参与决定案件中的正义要求。

在某些情况下，这可能意味着这些当事方之间的实际对话，就像受害者与加害者会议，他们分享自己的故事，并就应该做什么而达成共识。在其他情况下，它可能涉及间接交流，委托代理人，或其他的参与形式。

与传统的正义程序相比，接触原则意味着利益相关方范围的扩大。

所以修复性正义是建立在三个简单的要素或支柱之上：一是伤害和相关需求（首先是受害者的需求，也包括社区和加害者的需求）；二是加害者、受害者以及社区的义务；三是那些在犯罪及其解决方案中具有合法利益或利害关系的人（受害者、加害者和社区成员）的参与。罗斯·伦敦（Ross London）认为，"修复性正义的灵魂是努力修复犯罪的危害"[1]。下文中，我们将对修复性正义进行一个概要介绍。虽然这个简介本身并不充分，但它提供了一个框架，在此基础上我们可以更全面地理解修复性正义。

> 修复性正义至少要求我们处理那些受害者所受到的伤害和相关需求，让那些加害者负责"纠正"这些伤害，并让双方当事人和相关社区参与这一过程。

---

1 参阅 http://emu.edu/now/restorative-justice/, May 2, 2013 as well as Ross London, *Crime, Punishment, and Restorative Justice: From the Margins to the Mainstream* (Lynne Rienner Publishers, 2010).

"如何"和"谁"很重要

　　谁参与了正义实施过程，以及他们如何参与，是修复性正义的重要组成部分。

1. "如何"实施正义过程

　　我们的法律制度是一个对抗性过程，由代表罪犯和国家的专业人士主导着法律程序的推进，由法官裁判。结果是由专家强加的——法律、法官或陪审团，他们站在本质冲突之外。受害者、社区成员，甚至加害者都很少以任何实质性的方式参与这一过程。

修复性正义更喜欢包容、合作的进程和共识的成果。

　　虽然修复性正义通常承认需要外部专家，并在某些情况下加以实施结果，但它更喜欢合作和包容的过程，以及相互同意而不是强加的结果。

修复性正义通常承认对抗性方法和专业人员的作用以及对于国家的重要作用。然而，修复性正义也强调那些与事件或犯罪有直接利害关系的人（那些卷入和受影响之人，或在该犯罪事件中有其他方面合法利益的人）的参与重要性。

经过充分的筛选、准备和保障，当事人之间直接的、协调性的、面对面的接触，往往是特定利益相关者参与的理想论坛。我们在下文会看到，修复性正义可以采取多种形式实施：受害者与加害者会议，家庭团体会议，对话圈会议等。

受害者与加害者会议允许那些受害者和加害者面对面，直接向对方提问，一起协商如何解决问题。它为那些受害者提供了一个机会，让他们提出问题或直接告诉加害人他们所遭受的伤害。它让加害者听到并开始了解他们行为的影响。它提供了承担责任和道歉的可能性。许多受害者和加害者发现，这样的会面是一次震撼人心且积极的经历。

直接或间接的见面会并不总是能够实现的，在某些情况下，这种接触可能并不理想。在某些文化中，直接的接触可能是不合适的。间接接触可能是通过一封信，或视频交流，或与受害者代表会面。在所有情况下，都应努力使利益相关方最大限度地参与，并在他们之间交换信息。

2. "谁"是利益相关方

当然，关键的利益相关者是那些直接受害者和那些加害者。社区成员也可能受到直接影响，因此也应被视为直接的利益相关者。

除了这个圈子的群体之外，还有其他人在事件中有着不同程度的利害关系。这些人可能包括：受害者的家庭成员和朋友，或其他"次要受害者"；加害者的家人或朋友；社区的其他成员。

3. 社区意味着什么

在修复性正义领域中，关于社区的意义以及如何真正让社区参与这些过程的争论已经出现。在传统社区遭到侵蚀的文化中，这个问题尤其严重，就像在美国大部分地区一样。此外，"社区"可能是一个没有实用意义的抽象概念。一个社区可能犯有虐待罪。对这些问题的讨论超出了本书的范围，但一些观察可能会有所帮助。[1]

在实践中，修复性正义往往侧重于"护理社区"或微观社区。社区里，人们相邻而居并相互交流，但也有社区之外的人际关系网络。对修复性正义来说，关键问题是：社区中谁关心这些人或这种罪行？如何让他们参与到这个过程中来？

区分"社区"和"社会"可能会有所帮助。修复性正义倾向于关注直接受犯罪影响的地方或相关的微观社区，但往往被"国家正义"所忽视。然而，除了那些与某一特定事件有直接利害关系的人之外，社会还有更大的关注和义务。这包括一个社会对其成员的安全、人权和总体福祉的关注。许多人认为，政府在关注这些社会问题方面，扮演着重要和合法的角色，

1　这场辩论的概述可以参阅 An overview of this debate may be found in Gerry Johnstone, *Restorative Justice: Ideas, Values, Debates* (Willan, 2002), 136ff. This book provides a helpful overview and analysis of the debates and critical issues in the field of restorative justice.

在少数族群认为受到政府系统压迫的情况下（如在北爱尔兰或美国大部分城市），或者在国家自上而下实施修复性正义的情况下，国家的角色是最有争议的。例如，在新西兰和加拿大，社区和土著群体就特别关注这个问题。

修复性正义旨在纠正错误

到目前为止，我们已经讨论了利益相关者的需求和角色。然而，关于修复性正义的目标还需要进一步的阐释。

1. 处理伤害

修复性正义的核心思想是纠错（making things right），在英语中经常使用更活跃的短语"纠正"（putting right）来表达。它为那些加害者提供机会并鼓励他们，使他们做出对受害者有益的事情。如前所述，这意味着加害者有责任尽可能采取积极措施，修复对受害者（还包括受影响的社区）的伤害。谋杀等案件所造成的伤害显然是不能修复的。然而，一些象征性的步骤，包括承认责任或提供赔偿，可以帮助受害者的家庭成员或"共同受害者"，而这是加害者的责任。

纠正意味着赔偿、修复或恢复，但这些含有"重新"意义的词语往往是不够的。当犯下严重错误时，伤害就不可能修复了，或重新回到以前的样子。

当加害者致力于纠正错误时，受害者可能会得到帮助，无论是具体的，还是象征性的。

然而，许多犯罪受害者对"治愈"一词的态度是矛盾的，因为它的言外之意是消除最终结果或终止伤痛。这段愈合旅程属于受害者，没有人能替他们走过这段旅程。但纠正错误的努力可以推动这一过程，尽管它永远无法完全修复。

纠正责任首先是加害者的责任。然而，社区可能对受害者负有责任，也可能对加害者也负有责任。造成伤害的责任方要有效地履行其义务，他们可能需要更广泛的社会支持和鼓励。此外，社区对造成或鼓励犯罪的情况负有责任。理想情况下，修复性正义程序可以促进探索和分配各方需求、责任和期望，或为其提供一个讨论的平台。

2. 消除根源

为了纠正错误，我们不仅要降低犯罪的危害，还要消除犯罪产生的根源。许多受害者都希望如此。他们正千方百计地想办法并采取措施，以减少这种对自己或他人的伤害。

在新西兰经常举行的家庭团体会议，目的是经过各方协商制订共同支持的计划，其中包括预防和赔偿的内容。在新西兰，修复性正义是青少年判案的准则。这些计划必须考虑到受害者的需求，并考虑到加害者为满足这些需求所承担的责任。但该计划还必须解决那些加害者的需求，以改变他们的行为。

加害者有义务说出他们违法行为的原因，但他们通常不能单独做到这一点。此外，除了造成损害的一方负有直接责任之外，可能还有更大的责任。社会不公和其他导致犯罪或制造不安全的条件，在一定程度上是家庭、社区和更大的社会的责任。

纠正错误要求我们……

……处理伤害　　　……消除根源

3. 加害者经历的伤害

如果要真正解决危害及其根源，我们必须探索那些加害者自己所经历的伤害。

研究表明，许多加害者确实曾遭受过严重伤害或创伤。即使他们没有直接成为受害者，许多加害者也认为自己是受害者。这些伤害和对伤害的看法可能是造成犯罪的重要原因。事实上，哈佛大学教授、监狱精神病学家詹姆斯·吉利根（James Gilligan）认为，所有暴力都是为了实现正义或消除不公正而做出的努力。[1]换句话说，很多犯罪可能是一种反应，或者是一种消除受害感的努力。

加害者认为自己也是受害者，这并不能免除加害行为的责任。然而，如果詹姆斯·吉利根的观点是对的，我们就不能指望在不解决这种受害感的情况下，加害行为能够停止。事实上，惩罚往往会强化加害者这种受害感。

当加害者的这种受害感得到认可时，他们才会感到满足。他们这种作为受害者的感觉必须得到回应。因此，我们必须先修复他们的伤害，然后加害者才会改变其违法行为。

这是一个有争议的话题，尤其对于那些曾经是受害者，但在生活中很少或根本没有伤害他人的人来说，理解起来就特别困难。这些有理有据的论点往往听起来像借口。此外，为什么一些曾经的受害者转向犯罪，而另一些人则不会这样做？我深信，减少犯罪根源需要我们探讨罪犯自身的受害经历。

在这种探讨中，与其使用受害者的沉重语言，不

---

1 James Gilligan, *Violence: Reflections on a National Epidemic* (Random House, 1996).

如用"创伤"这个词更有帮助。精神病学家桑德拉·布鲁姆（Sandra Bloom）在她的《创造庇护所》（*Creating Sanctuary*）一书中指出，未愈合的创伤往往会被重新演绎。创伤如果得不到充分治愈，就会在经历创

> 修复性正义要平衡所有人的关切。

伤的人的生活中重演，在他们的家庭中，甚至在他们的后代中再现。[1]

创伤不仅是受害者的重要经历，也是加害者的重要经历。许多暴力实际上可能是早期创伤的重演，这些创伤没有得到充分的回应。社会的反应往往是以监禁的方式带来更多的创伤。虽然不能以创伤的现实作为借口，但我们必须理解它们，必须解决它们。

总而言之，纠正错误的努力是修复性正义的中心或核心。纠正错误有两方面内容：一是处理已经造成

1　Sandra Bloom, *Creating Sanctuary: Toward the Evolution of Sane Societies* (Routledge, 1997). See also Carolyn Yoder, *The Little Book of Trauma Healing* (Good Books, 2005).

的伤害，二是处理造成这些伤害的原因，包括造成伤害的因素。

既然正义应该纠正错误，既然受害者受到了伤害，那么修复性正义就必须从受害者和他们的需求开始。

然而，修复性正义最终关心的是那些受害者、那些加害者以及整个社会福祉的修复和回归社会。修复性正义要平衡各方的关切。

> 修复性正义鼓励明晰所有人的责任，促进赔偿和治愈的结果。

一种修复的视角

修复性正义积极寻求思考犯罪和正义的另一种框架或视角。

1. 原则

这种修复性视角或哲学，可以围绕以下五个关键原则或行动来设想。

① 首先要把重点放在受害者所受的伤害和随之产生的需求上，但也要放在社区和加害者所受的伤害和随之产生的需求上。

② 处理这些伤害所产生的义务（违法者的义务，以及社区和社会的义务）。

③ 采用包容性、协作性的修复流程。

④ 让那些在事件中具有合法利害关系的人参与进来，包括受害者、加害者、社区成员和社会机构人员。

⑤ 寻求修复伤害，并尽可能地纠正错误。

我们可以把修复性正义描绘成一个轮子。轮子的中心是修复性正义的关注焦点：寻求纠正错误和弥补伤害。每根辐条都代表了上述其他四个基本要素：关注伤害和需求；履行义务；让利益相关者（受害者，加害者和社区）参与进来；尽可能使用合作与包容性的流程。当然，这需要在尊重有关各方的态度下进行。

为了更生动形象地描述，我们可以将修复性正义

图 2-2　修复性正义之轮

图 2-3　修复性正义之花

描绘成一朵花。花中心的焦点是纠错，每片花瓣都代表了成功纠错所采用的一个原则。

2. 价值观

修复性正义的原则只有根植于若干基本价值观（underlying values）才有用。这些价值观往往没有明确表述，而且被认为是理所当然的。然而，要以符合其精神和意图的方式应用修复性正义，我们必须明确说明这些价值观。否则，我们尽管使用的是修复性的过程，但可能得到非修复性的结果。

修复性正义的原则——"花心"和"花瓣"，必须有价值观包围，才能正常运作。构成修复性正义之花的原则必须植根于价值观，才能蓬勃发展。

正如我前面所指出的，修复性正义的基础是相互联系的愿景。无论我们是否意识到这一点，我们都通过关系网络彼此相连，并与更大的世界相连。当这个网络被破坏时，我们都会受到影响。修复性正义的要素——伤害和需求、义务、参与，源于这一愿景。

但正如贾勒姆·萨瓦茨基（Jarem Sawatsky）所

指出的那样，这种相互联系的价值观必须通过对特殊性的欣赏来平衡。[1]虽然我们联系在一起，但我们并不相同。特殊性意味着多样性。每个人的个性和价值观都应该得到尊重。所有特定的背景和情况都需要认真加以对待。

正义必须承认我们的关联性和我们的个性。特殊性的价值观提醒我们：环境、文化和个性都很重要。

关于修复性正义所依据的价值观，应该、而且已经写了很多。事实上，也许修复性正义的最大特质之一，就是鼓励我们共同探索我们的价值观。

归根结底，尊重这种基本价值观极其重要。如果我必须把修复性正义归为一个词的话，我会选择"尊重"一词：尊重所有人，

修复性正义
是尊重。

---

1   Jarem Sawatsky, *Justpeace Ethics: A Guide to Restorative Justice and Peacebuilding* (Cascade Books, 2009)

即使是那些与我们不同的人，甚至是那些看起来是我们敌人的人。尊重使我们意识到我们之间的相互联系，但也让我们意识到我们之间的差异。尊重提醒我们要平衡各方的关切。尊重可以帮助我们认识和处理不公正的权力等级制度。

如果我们以尊重的态度追求正义，平等地对待所有人，我们就会修复正义。

如果我们不尊重别人，无论我们多么认真地采纳这些原则，我们也无法修复正义。

尊重的价值是修复性正义原则的基础，它必须指导和塑造这些原则的应用。

定义修复性正义

那么，应该如何定义修复性正义呢？尽管该领域的研究者对修复性正义的基本纲要普遍达成了一致意见，但他们未能就其具体含义达成共识。我们中的一些人质疑这种定义是否明智或是否有用。虽然我们承认原则和基准的必要性，但我们担心建立一个僵化定义会带有某些自负和武断。考虑到这些问题，我提出一个作为修复性正义的可行定义。[1]

> 修复性正义是一种实现正义的方法，在可能的范围内，让那些与特定的犯罪或伤害有利害关系的人共同识别和处理伤害、需求和义务，以便尽可能地治愈创伤和纠正错误。

修复性正义的目标

苏珊·夏普（Susan Sharpe）在她出色的小书《修复性正义：治愈和变革的愿景》（*Restorative Justice: A Vision for Healing and Change*）中，总结了修复性正义的目标和任务。

修复性正义项目旨在：

❶ 将关键决定权交给受犯罪影响最大的人。

1　这是对托尼·马歇尔（Tony Marshall）被广泛引用的定义的改编："修复性正义是一个过程，在这个过程中，与特定罪行有利害关系的所有各方走到一起，共同解决如何处理罪行的后果及其对未来的影响。"

❷ 使正义更具有治愈性，在理想情况下，也更具
有变革性。

❸ 减少未来犯罪的可能性。

实现这些目标需要：

❶ 受害者参与到这个过程中，并从中得到需求的
满足。

❷ 加害者明白他们的行为如何影响了他人，并为
这些行为负责。

❸ 结果有助于修复造成的伤害并解决犯罪原因（根
据受害者和加害者的需求量身定制具体计划）。

❹ 受害者和加害者都获得了"结束"感[1]，并且都
重新融入了社区。

关于修复性正义的指导问题

修复性正义最终归结为一系列问题，当错误发生
时，我们需要提出这些问题。事实上，这些指导性问

1　"结束"这个词通常对受害者来说是一种冒犯，尤其是对严重犯
罪的受害者。这似乎表明，一切都可以放下，但这是不可能的。

题是修复性正义的本质。

关于修复性正义的指导问题

1 谁受到了伤害？
2 他们的需求是什么？
3 这些是谁的义务？
4 谁是利益相关者？
5 原因是什么？
6 让利益相关者参与纠正问题并解决根源的合适过程是什么？

如果我们把修复性正义看作一个特定的方案，或者一套方案，我们很快就会发现，这些项目很难适用于所有情况。例如，用于"一般"犯罪的受害者与加害者会议形式，可能很少直接适用于大规模社会暴力案件。如果没有谨慎的保障措施，修复性正义实践方案用于文化造成的模式暴力（patterned violence），或如家庭暴力这样的权力不平衡情况，可能是危险的。

如果我们转而采用塑造修复性正义的指导性问题，

我们会发现修复性正义适用于广泛的情况。修复性正义的指导性问题可以帮助我们重新构建问题，超越法律正义为社会创造的界限进行思考，并"改变我们的视角"来看待不法行为。

这些指导性问题，促使美国的一些辩护律师重新思考他们在死刑案件中的角色和义务。辩方受害者外展（Defense Victim Outreach，简写为 DVO，前身为 DIVO）成为一种司法实践办法，即努力通过将幸存者的需求和担忧纳入审判及其结果，让幸存者能够接触到辩方和检方。这种做法还力求鼓励被告在这些案件中承担适当的责任，由此达成一些认罪协议，这些协议基于受害者的需要，并允许罪犯承担责任。

修复性正义包括改变我们的目的。

许多受害者维权人士对家庭暴力情况下，受害者与加害者会面的危险深表关切。这些担忧是合理的。在暴力继续存在，或者没有受过有关家庭暴力训练的人员周密监督的情况下，就会产生严重的危险。有些人说，当事人双方的会面永远是不合适的。其他人（包括一些家庭暴力的受害者）认为，在合适的情况下，有适当的保障，双方接触是重要和有力的。近年来，一些社区成功地开展了使用修复性方法的项目。

但是，无论在家庭暴力等情况下，双方会面是否合适，修复性正义的指导性问题都是"可以帮助理清需要做些什么"，而不会被困在或者局限在"加害者应该得到什么"方面。当面对新的情况或应用时，我经常将这些问题作为指导。

事实上，简而言之，修复性正义的指导性问题就是修复性正义。

修复性正义的路标

当我们开始考虑修复性正义的实际应用时，以下十条修复性正义原则或路标[1]提供了另一个指南。这些原则可以在项目设计或评估中被使用。就像指导性问题一样，它们可能有助于对特定案例或情况做出回应。

1　这些路标最初是在 1997 年被宾夕法尼亚州阿克伦市的门诺派中央委员会作为书签出版的。我在本书中做了少量的修改。

① 关注不法行为带来的危害，而不是被破坏的规则。

② 对受害者和加害者表现出同等的关注和承诺，让他们参与到正义的进程中。

③ 努力修复那些受害者，赋予他们权利，并在他们意识到自己的需求时，及时回应他们的需求。

④ 支持和鼓励加害者理解、接受和履行他们的义务。

⑤ 虽然义务对那些违法者来说可能很困难，但这些义务不应被视为伤害，而是应该可以实现的。

⑥ 按照双方的意愿，在受害者和加害者之间提供直接或间接对话的机会。

⑦ 寻找有意义的方式让社区参与进来，并对犯罪的社区基础做出反应。

⑧ 鼓励受害者和加害者的合作及重新融入社会，而不是施加强迫和孤立行为。

⑨ 注意行动和计划的意外后果。

⑩ 尊重所有各方——受害者、加害者、他们的朋友和亲人，以及司法机关人员。

3

修复性
实践

在 20 世纪 70 年代和 80 年代，修复性正义的概念和哲学出现于美国和加拿大的联合实践中，当时被称为"受害者与加害者和解计划"(Victim Offender Reconciliation Program，简写为 VORP)。之后，VORP 被修改并经常更名，出现了新的实践形式，旧的项目被重塑并更名为"修复性"。西方刑事司法领域目前使用的主要方法或做法是什么？请注意，我在这里引用的刑事司法领域的修复性正义的应用绝不是全部情况。

学校已成为修复性实践的重要领域。教育环境中使用的修复性方法与刑事案件的修复性正义方案虽然有一些相似之处，但必须适应学校这一教育背景。（有些书中介绍了这方面的内容，请参阅本书附录6"推荐阅读"）。

修复性方法也应用于解决职场和社区的冲突问题。同样，它们与下面概述的模式有相似之处，但也存在重要差异。修复性正义已成为关于如何接近"过渡性正义"对话的一部分，例如，在大规模的社会冲突和不法行为之后的正义诉求。下文重点阐释的是刑事司法背景下的修复性方法。

对于那些来自更传统的社会（如非洲或北美的土著社区）的人来说，修复性正义通常可以作为重新评估、复活、合法化和适应古老习俗的催化剂。在殖民时期，西方的法律模式经常谴责和压制传统的正义形式，尽管它们并不完美，但对这些社会来说非常有用。

修复性正义可以提供一个概念框架，以确认这些传统的优点，并使之合法化，并制定能够在现代法律制度的现实中运作的适应性模式。事实上，修复性正义的两种最重要的形式——家庭团体会议和建立和平对话圈，是对这些传统方式的改造（并不是复制）。

修复性正义还为在转化冲突及建设和平的理论与实践中思考正义，提供了一种具体的方式。大多数冲突都围绕或者涉及至少一种不公正的认知。虽然解决冲突或冲突转化领域在某种程度上承认了这一点，但这一领域的正义概念和实践则相当模糊。修复性正义的原则和做法，可以为解决冲突中的正义问题提供一个具体的框架。（请参阅本书附录5）

修复性正义
有助于冲突转化
和建设和平。

例如，在我们的夏季和平建设研究院（Summer Peacebuilding Institute）研读了修复性正义课程后，几名非洲学员回到了加纳，他们曾一直试图帮助解决那里的一场旷日持久的冲突。借助于修复性正义框架，他们第一次能够利用传统的社区正义程序解决冲突中的正义问题。最终，他们通过建立和平的努力使当地冲突走出困境，并取得新的进展。

同样，毕业于我们培训项目的几位巴基斯坦学员回国后发现，修复性正义模式有助于启发并更新他们在决策和解决冲突方面的传统族长会议（jirga）进程。

修复性正义领域正变得超级多样化，以至于无法以简单分类来描述它。此外，下面描述的各种模式通常是混合性的，我们很难区分它们。然而，下文试图对西方刑事司法领域中一些新出现的做法进行简要描述。每个模式都有一本单独的小书，对其进行更为详细的描述。（请参阅本书附录 6 "推荐阅读"）。

核心方法通常涉及一场协调会

修复性正义实践主要包括三种协调会模式，即受害者与加害者会议、家庭团体会议和对话圈会议。在具体实践中，这些模式越来越多地被混合运用。家庭团体会议可能利用对话圈会议法，并且正在针对某些情况研发具有某种元素的新形式。在某些情况下，可以在单个案例或情景中使用多个模式。例如，在有关量刑的对话圈会议之前，可能会安排受害者与加害者进行会面。

然而，所有这些模式都有重要的共同点。它们都涉及关键利益相关者——至少是那些受害者和那些加害者

模式通常是混合的。

之间的协调性接触或对话，也许还有其他社区和执法官员。有时，如果受害者和加害者之间的会面难以实现，则可以使用代理人或代表。有时，信件或视频可以用于准备或代替直接会议。然而，所有这些模式都涉及某种形式的接触和对话，并倾向于面对面的会议。

这些会议由训练有素的协调人领导，他们指导这一进程，平衡所有相关方的关切。与仲裁员不同，会议或对话圈的协调人并不强行和解。每个模式都为参与者提供了探索事实、感受和决定的机会。我们鼓励他们讲述自己的故事，提出问题，表达自己的感受，并努力获得双方都能接受的结果。

罗恩·克拉森（Ron Claassen）是一名长期从事修复性正义实践的律师。他指出，任何类型的不法行为要得到解决，必须出现如下三种情况。

❶ 承认错误或不公正。

❷ 建立或修复公平。

❸ 实现未来的目标。

一场协调会面提供了一个机会，让受害者能够清楚地指出受害事实，并让加害者承认错误。诸如赔偿或道歉之类的结果有助于恢复平衡，也就是说，建立或修复公平。

通常需要提出关于未来的目标问题：加害者会再次这样做吗？我们如何在同一个社区共同生活？我们如何在生活中前进？所有修复性会议模式都规定，这些问题将通过协调会来解决。

受害者必须是完全自愿参与的。

在每一种模式中，受害者必须完全是自愿参与的。在每一种情况下，一个先决条件是加害者至少在某种程度上承认其自身的责任。通常，如果加害者否认所有责任，则不举行见面会，他们通常也不会在会议之前承认全部责任。

同时要努力增强加害者自愿参与的程度。当然，如果他（她）不愿意或不合作，就不适合举行会议。然而，在现实中，加害者往往会受到一些压力，让他们在两种不那么坏的事情之间做出选择。在采访中，加害者经常认为，面对他们所伤害的人是困难和可怕的。事实上，如果可能的话，我们大多数人都会尽量去避免面对这种情况。

除了新西兰家庭团体会议之外，下面所讲述的模式通常应用于自由裁决的案件，而且是在推介使用修复性正义程序的基础上。对于罪行较轻的案件，有时会有来自社区的推介应用，也可能来自学校或宗教机构。有时，案件当事人双方共同决定采用修复性正义程序。

然而，大多数有关修复性正义应用于司法系统内部，并因案件和社区而异，可由警察、检察官、缓刑监管（probation）、法院甚至监狱加以应用。在法院运用的情况下，可能在案件审理后但判决前进行。在这种情况下，法官在判决中会考虑双方当事人会面的结果。在一些案件或司法管辖区，法官判决赔偿，并要求通过修复性会议来确定赔偿数额。然后，协议成为判决书或缓刑令的一部分。

在这个过程中的更早阶段，即在正式提出指控之前，一些社区在鼓励进行某种形式的修复性接触，以使案件不被纳入司法系统处理。在马萨诸塞州的康科德，修复性正义社区代表了警察和社区之间的伙伴关系，并使这种合作成为可能，适用于各种案件。在加利福尼亚州的奥克兰有修复性正义的程序，其最初建立的目的是帮助解决青少年司法系统中的种族歧视问题。该程序基于新西兰模式的审前会议，旨在通过问责以及家庭和社区的支持，将相当严重的罪行从司法系统中转移出去。在公诉人同意下，该程序能够向犯罪者做出"反向米兰达权利"（reverse Miranda）[1]声明，即会议中所说的任何话都不会被用来对付他（她）。

在佛罗里达州发生的一起备受瞩目的谋杀案中，一次审前会议允许被杀害的年轻女子的家属、实施犯罪的年轻男子及其家人、公诉人和辩护律师会面，以解决上述问题，并在判决中达成共识，并成为辩诉协议的一部分。

然而，在美国，目前大多数严重暴力案件中，受害者与加害者会面的计划都不在官方司法系统之内进行，而是由当事人自己发起，最常见的是由受害者或其亲人发起的。目前，美国至少有一半的州已经为希望参与的受害者制定了协议或项目。

1　米兰达权利（Miranda Rights），即犯罪嫌疑人、被告人在被讯问时，有保持沉默和拒绝回答的权利。——译者注

模式的区别在于"谁"和"如何"

修复性正义实践的模式虽然基本框架相似，但它们在参与者的数目和类别以及在某些情况下的协调方式会有所不同。

1. 受害者与加害者会议

受害者与加害者会议（VOC）主要涉及直接受伤害者和对伤害负有责任的人。经商定采取修复性正义方式后，当事人双方首先单独合作。然后，在他们同意继续后，他们被召集到一起见面或开会。会议由一名训练有素的协调人或共同协调人组织并引导，他们以平衡的方式指导整个过程。

协调会议的结果通常是签署赔偿协议，尽管在发生严重暴力的情况下，不太可能出现这种结果。任何一方的家庭成员都可以参加，但他们通常作为次要的、支持的角色。社区代表可能会以协调者或项目监督者的身份参与，但他们通常不参加各种会面。

2. 家庭团体会议

家庭团体会议（FGC）扩大了主要参与者的范围，包括家庭成员或其他对直接相关方有重要意义的个人。由于这种模式倾向于关注加害者承担责任并改变他们的行为，因此加害者的家人或社区中的其他相关人员的参与尤为重要。不过，也应邀请受害者的家人和支持者参加。在某些情况下，特别是当家庭团体会议被赋权影响案件的法律结果时，可能会有一名司法人员（如警官）在场。

家庭团体会议的两种基本形式已被广泛应用。一种是在北美受到相当关注的模式，最初由澳大利亚警方开发，该形式部分基于新西兰模式。这种方法通常使用标准化的、"脚本化"的协调模式。协调人可能是权威人物，如受过特殊训练的警察，这一直存在争议，特别是在与警察关系紧张的社区。

这种传统或方法特别关注羞耻感的动态，并经常尝试以积极的方式使用羞耻感。然而，主动使用羞耻感是一个极具争议的话题。有些人认为，羞耻感太不稳定、太危险了，不能鼓励在协调会上使用它，即使它很可能存在，通常对双方来说都是如此。

会议的成功在一定程度上取决于对羞耻感的成功管理和转变，而不是有意地鼓励羞耻感。

另一种较老的家庭团体会议模式，也是我更熟悉的模式，起源于新西兰，现在为该国的青少年司法提供了规范。因为这个模式不如其他形式那么闻名，至少在美国是这样，所以我会比其他形式更全面地描述它。

为了应对青少年福利和司法制度的危机，同时利用强加的、外来的殖民制度而受到土著毛利人的批评，新西兰于1989年彻底改变了其未成年人司法制度。虽然法院系统仍然是后备选择，但如今新西兰对最严重的青少年犯罪的"默认"反应是家庭团体会议。[1]

成功的协调会涉及管理，而不是促进羞耻感。

1　新西兰的青少年司法系统旨在将不太严重的罪犯从系统中转移出来，避免正式的家庭团体会议和法庭审判。这有时与非正式的受害者与加害者会议一起进行。这一设计基于这样的假设：青少年的犯罪行为是其发展阶段的一部分，让青少年进入正式系统可能会鼓励未来的犯罪行为。

因此，家庭团体会议可被视为新西兰的一种司法制度和一种当事人会面方式。

会议由青年司法协调员组织和主持，他们是有偿社会服务人员。他们的工作是帮助家庭确定谁应该在场，并设计适合他们的流程。会议的形式应适应所有有关各方的需要和文化。

这不是一个脚本化的协调模式。虽然每次会议往往有共同的总体进展，但每次会议都适应其特定缔约方的需要。大多数会议的一个共同因素，是在会议期间的某个时候举行家庭核心小组会议。在这里，加害者及其家人前往另一个房间讨论所发生的事情，并提出一项建议，然后再回来告知受害者和参加会议的其他人。

就像受害者与加害者会议中的协调人一样，家庭团体会议的协调人必须保持公正，或者更准确地说，对双方一视同仁，平衡各方的关切和利益。但是，他（她）有责任确保制定一项计划，解决原因和赔偿问题，使罪犯充分承担责任，这是实际可行的。

虽然没有明确包括社区，但这些会议比受害者与加害者会议更具包容性。加害者的家庭成员是必不可新西兰家庭团体会议处理赔偿和预防问题。

少的一部分，并扮演着非常重要的角色。事实上，这被视为一种家庭赋权模式。受害者可以带上家人或受害者的维护人。一位律师或青年支持人可以在场，其他照顾者也可以在场。此外，由于警察在新西兰发挥起诉作用，他们必须派代表出席会议。

新西兰风格的家庭团体会议，并非仅仅为了表达事实和感情，并制定赔偿协议。由于他们通常代替法院，他们负责为违反法律的年轻人制定整个计划，除了赔偿外，还包括预防和有时是惩罚的要素，甚至也可以在会议上进行实际收费的谈判。有趣的是，该计划旨在促成会议中每个人达成共识。受害者、加害者或警察，只要一方不满意，就可以对结果提出异议。

然后，家庭团体会议扩大参与者的圈子，包括家庭成员或其他重要人物，也许还有司法官员。至少在新西兰的形式中，会议涉及家庭核心成员会议，与受害者—加害者会议相比，协调人的作用可能更大，确保加害人被适当追究责任。一些国家正在调整家庭团体会议，有时称为社区或问责会议。它们还为美国境内的一些审前转移案件提供了框架，尽管实际的会议可以按照下文介绍的对话圈法进行。

3. 对话圈

对话圈最初从加拿大的土著社区进入修复性正义领域。法官巴里·斯图尔特（Barry Stuart）在法庭上，首次在一项法律裁决中承认了对话圈的方式，他选择了"构建和平对话圈"（peacemaking circles）来描述这种形式。今天，对话圈被用于许多场合。除了旨在确定刑事案件判决的量刑对话圈外，还有治疗对话圈、处理职场冲突的对话圈，甚至设计成社区对话圈。

在一个使用对话圈的过程中，参与者围成一个圆圈。他们在圆圈周围传递一个"讲话棒"（talking piece），以确保每个人都发言，按照每个人坐在圆圈里的顺序逐个进行讲话。一两个"圈子守护者"（circle keepers）充当对话圈的协调者。在土著社区，长者在引导对话圈或提供建议和见解方面发挥着重要作用。

一套价值观，甚至是一种哲学，通常被表述为对话圈过程的一部分——强调尊重、每个参与者的价值、正直、发自内心说话的重要性，等等。

对话圈有意识地扩大参与者的范围。受害者、加害者、他们各自的家人，有时还包括司法官员，但社区成员也是必不可少的参与者。有时，这些社区成员被邀请，是因为他们与特定罪行或所涉及各方有联系或感兴趣；有时，他们是社区的志愿者。

由于社区参与其中，对话圈的讨论往往比其他修复性正义模式范围更广。它们包括：参与者可以讨论社区中引发犯罪的情况、那些经历过伤害和造成伤害的人的需求、社区可能承担的义务、社区规范或其他相关的社区问题。

对话圈有广泛的应用。

虽然对话圈最初出现于小型而同质的社区，但如今它们被用于各种社区，包括大城市地区，以及刑事案件以外的各种情况。对话圈似乎是教育环境中修复性正义的主要模式。事实上，对话圈过程似乎是最接近我所看到的解决伤害和冲突的"普遍"模式。我的研究生来自许多国家，这些国家有不同的传统，他们经常提及对话圈在他们国家的传统中得到了运用。

这里不适合讨论修复性正义模式的多种形式或每种修复性正义模式的相对优点。这里需要注意的是，以上这些都是当事人接触的形式。然而，他们可以根据利益相关者的数量和类别加以区分，包括他们不同的协调方式。同样，这些形式越来越多地被混合，因此它们之间的差异似乎不像以前那么重要。

修复性正义可以不涉及接触。

请注意，并非所有的修复性方法都涉及直接接触，也不是所有的需求都可以通过会面来得到满足。虽然受害者有一些涉及加害者的需求，但他们也有一些与加害者无关的需求。同样，那些加害者也有一些与受害者没有直接关系的需求和义务。因此，一些模式包括接触和不接触项目。

模式的目标各不相同

在刑事司法的背景下，理解这些不同方法之间差异的替代方法是审查它们的目标。修复性正义项目根据目标的不同，大致可以分为以下三类。

1. 替代或转移注意力的项目

这些项目通常旨在将案件从全部或部分刑事司法程序或量刑中转移出来，或提供替代方案，如案件已圆满结案，警方或检察官转交、推迟检控及最终撤销检控的案件。法官可以将案件提交修复性会议，以理清判决的内容，例如赔偿。在某些对话圈过程中，检察官和法官可能会加入社区的对话圈，旨在制定适合受害者、加害者和社区各方需求的判决。在纽约巴达维亚（Batavia），一个长期存在的修复性正义方案首先与严重犯罪的受害者合作，然后与加害者合作，制定某种替代方案，如请求、判决，甚至是保释协议。当然，在新西兰，常见的是当事人会议方式，法院是替代方案。指控前的转交案件，如加利福尼亚州奥克兰（Oakland）和马萨诸塞州康科德（Concord）的案件，试图通过追究加害者的责任，将青少年排除在犯罪体系之外，以解决导致加害行为的环境问题，并满足那些受害人的需求。

2. 治疗或治疗项目

越来越多的修复性方案，如受害者—加害者会议，正在为最严重的犯罪案件所采用，比如，暴力攻击，甚至强奸和谋杀。在这些情况下，加害者通常已入狱。在这样的接触计划中，参与不是为了影响案件的结果而设计的。无论由谁发起，通过适当的准备，这种接触对受害者和加害者来说都是强大而积极的经历。

并非所有这类案件都一定要该事件的受害者和加害者之间直接接触。例如，当加害者找不到或者受害者没有准备好见面时，对受害者来说，与加害者的代理人见面可能更好。或者，加害者可能愿意会见受害者的代理人。

这些案件是创伤治愈的一种形式，它以受害者为导向，作为治愈过程的一部分，鼓励那些加害者理解并对自己的所作所为负责。在受害者遭受影响环节，受害者有机会向加害者讲述他们的故事，这成为治愈过程的一部分。

其他一些项目，如"生命之桥"，则提供多环节的监狱内讨论会，将不涉及同一案件的受害者和加害者，有时还有社区成员，聚集在一起，探讨各种主题和问题，以使所有相关人员受益。

3. 过渡期项目

促使加害者出狱后向正常生活的过渡（transitions），这是日益增长的修复性项目必须做的事情。在教习所和监狱中，项目是围绕受害者所受的伤害和对加害者的问责而设计的，以帮助受害者和加害者回归正常社区生活状态。

一种模式是加拿大开发的"支持和问责对话圈"（CSA），该项目与性犯罪案件中已出狱的加害者合作。在美国和加拿大的大部分地区，那些犯下此类罪行并服刑的人被释放回社区后，社区对这些前囚犯几乎没有支持，而且社区和受害者对他们感到非常恐惧。这些人往往被最了解他们的社区排斥，所以会选择去不了解自己的过去的其他社区生活。鉴于此，他们重新犯罪的概率很高。

支持和问责对话圈聚集了一群人——前囚犯、社区成员甚至类似罪行的受害者，不仅要支持犯罪者，还要追究他们的责任。最初，互动是紧张的，每天需要签到，并对每个人可以做什么以及该人可以去哪里有严格的指导。对话圈与刑满释放人员合作，对他们的行为负责，提供必要的支持，成功地使他们重新融入社会，同时减轻了社区的压力。这种模式越来越多地用于囚犯的重归社会，并且已经被发现可以减少重新犯罪率。

越来越多的监狱人员主动在监狱内建立修复性正义团体和开展培训，这些活动不易被列入上述三类。例如，宾夕法尼亚州格拉特福德（Graterford）监狱的囚犯开发了自己的培训课程，用于帮助他们的同龄人理解和解决他们的行为及其后果。在不久的将来，他们希望将这种培训方法推广到全国，使其他地方的人也能运用这种方法。《监狱中的修复性正义小书》（*The Little Book of Restorative Justice for People in Prison*）

反映了这背后的一般思想和方法。[1]

尽管"核心"的修复性正义项目涉及受害者和加害者之间的直接接触，但有很多方法都不那么直接。一种连续统合体（continuum）会对理解所有这些形式有所帮助。

一个修复的连续统一体

从理论上讲，大多数提供受害者和加害者之间直接接触的对话圈或会议模式能够起到完全修复作用。

它们按照修复性正义的原则和价值观适当地进行，符合我前面概述的修复性正义准则中规定的所有标准。但是，其他声称具有修复性的方法呢？那些不涉及直接接触的人呢？在修复性框架内还有其他选择吗？

重要的是要沿着一个连续统一体来看待修复性正义模式，从完全修复到没有修复，中间有几个点或类别。

以下七个关键问题有助于分析在特定情况下，修复性正义模式的有效性和程度。

1 Barb Toews, *The Little Book of Restorative Justice for People in Prison* (Good Books, 2006).

① 该模式是否处理了所有涉及的伤害、需求和原因?

② 它是否充分地面向受害者的需求?

③ 那些加害者是否被鼓励去承担责任?

④ 是否所有的利益相关者都参与进来?

⑤ 是否存在对话和参与决策的机会?

⑥ 该模式是否尊重各方?

⑦ 该模式是否平等对待所有人,是否保持对权力失衡的关注并解决相应问题?

虽然当事人会议或接触项目可能具有完全的修复性,但在某些情况下,这些模式并不完全(或者部分)适用。在加害者不被惩罚或加害者不愿意承担责任的情况下，受害者又该怎么办？

在修复性体系中，修复服务将在犯罪发生后立即开始，以满足受害者的需求并让受害者参与其中，无论罪犯是否被逮捕。因此，受害者援助虽不能被视为具有完全修复性，但它是修复性体系的一个重要组成部分，至少应被视为具有部分修复性的援助。

在受害者影响小组会议环节，不是将受害者和加害者围绕特定案件进行配对，而是允许受害者讲述他们的故事，并鼓励加害者了解他们所做错事的影响。这些是修复性方法的重要组成部分，可以被视为具有部分或大部分的修复性。

社区服务或许能够修复，也可能不能修复。

同样，当加害者愿意采取措施去理解并承担责任，而受害者却无法或不愿意接受时，会发生什么呢？针对这种情况，已经制定了一些方案（例如，提供向受害者询问和进行象征性赔偿行为的机会），同时应该提供更多方案。这些方案虽然可能不完全是修复性的，但在整个正义系统中发挥着至关重要的作用。

罪犯治疗或改造计划是否符合修复性正义实践？对那些犯罪者的治疗可视为预防的一部分，并且与囚犯重返社会一样，与修复性正义有一些共同特点。然而，按照惯例，许多治疗或康复努力几乎没有提供明确的修复性。然而，它们具有修复性功能，有些则通过组织治疗来帮助加害者理解并承担责任，同时尽可能多地关注受害者的需求。

根据其罪行情况，对加害者的服务结果可以分为"可能修复"或"部分修复"两类。

同样，罪犯辩护、囚犯重返社会的相关方案或监狱中的宗教服务，其本身也不是修复性的；但是，它们可能在修复性系统中发挥重要作用，特别是如果它们被重塑以纳入修复性框架。

在我看来，社区服务属于"可能修复"的范畴。按照目前的做法，社区服务不过是惩罚的一种替代形式，而不是修复性正义。然而，在新西兰，社区服务往往是家庭团体会议成果的一部分。团体会议中的所有人都参与了计划的制定，工作尽可能地与犯罪联系在一起，计划中有关于社区和家庭将如何支持和监督协议的细节。在这里，它有可能被视为对社区的回报或贡献，得到所有参与者的一致同意。在这种重新构架的情况下，社区服务可能在修复性方法中占有重要的地位。

然后是"伪修复"或"未修复"类别。"修复性"已经成为一个非常流行的术语，以至于许多行为和努力都被贴上了"修复性"的标签，但事实上它们并不是。其中一些可能会被修复，但其他不能。死刑是后者之一，它会造成额外的和无法弥补的损害。

4

从这里

去往哪里

在我早期的著作中，我经常将法律或刑事司法系统的惩罚性框架与更具修复性正义的方法之间进行鲜明对比。然而，后来我意识到，这种两极分化的对比可能会造成某些误导。虽然突出对比特征的图表揭示了区分两种方法的重要元素，但它们也隐藏了重要的相似之处和协作领域。

惩罚性正义与修复性正义

法学理论家康拉德·布伦克（Conrad Brunk）认为，在理论或哲学层面上，惩罚和修复并不是我们经常假设的两极对立的。事实上，它们有很多共同之处。惩罚理论和修复理论的主要目标都是通过相互作用，通过"平衡天平"来证明自己的正确性。它们的不同之处在于，通过哪种方式能有效地纠正平衡。

正义的惩罚性理论和修复性理论都承认一种基本的道德直觉，即一种平衡已被不法行为所破坏。

因此，受害者应该得到一些东西，而加害者应该付出一些东西。两种正义理论都认为，加害者必须被视为一个道德体。两种理论都认为，行为和反应之间必须有配比关系。

无惩罚和修复对平衡有着共同的关注。

然而，它们在履行义务和承担责任上存在差异。

惩罚理论认为，痛苦会平复，但在实践中，这对受害者和加害者来说往往适得其反。修复性正义理论认为，为受害者伸张正义就是承认受害者的伤害和需求，并积极鼓励加害者承担责任，纠正错误，并寻找其行为的根源。通过以积极的方式解决这种为自己辩护的需要，修复性正义有肯定各方的可能，并帮助他们改变生活。

刑事司法与修复性正义

修复性正义倡导者梦想有一天，正义会得到完全修复。这能否实现，至少在不久的将来能否这样，还是值得商榷的。修复性正义程序成为常态方法也许更容易实现，即为法律或刑事司法系统提供援助或替代方案。不过，在理想情况下，该援助系统也将以修复性原则和价值观为指导。

一个目标：
尽可能地修复。

当人们拒绝承担责任时，社会必须有一个系统来尽其所能地找出"真相"。有些案件解决起来太困难或本身太复杂了，与犯罪有直接利害关系的人无法判案。在某些情况下，有些人可能选择不参与给出判定结果。我们必须有一个重视社会需求和义务的过程，这些需求和义务超越了直接利益相关者的需求和义务。我们也绝不能失去法律制度适当运作时所代表的那些特质：法治、正当程序、对人权的深切关注、法律的有序发展。

正义可以被看作一个连续统一体。一方面是西方的法律或刑事司法系统模式，它的优点是确定的，如鼓励人权，然而，它也有一些明显的弱点。另一方面是修复性替代方案，它具有重要的优势，也有局限性，至少像目前所设想和实践的那样。

也许，一个现实的目标，是我们尽可能朝着修复性的方法迈进。在某些情况下，我们可能无法走得很远。在其他情况下，我们也可能会实现真正修复性的过程和结果。在这两者之间，将有许多必须同时利用两个系统的情况，而正义只是部分得到修复。[1] 同时，我们可以梦想有一天，这个特定的连续统一体不再适用，因为一切都将建立在修复性的基础上。

一个愿景

在我自己的梦想里，一个真正修复性正义的方法

1　在 *Restorative Justice and Responsive Regulation* (Oxford University Press, 2002) 一书中，约翰·布雷斯韦特（John Braithwaite）提出了一个有趣的模型，探讨修复性正义如何处理恢复、威慑和丧失能力等问题。

应该包括社区和司法系统之间的密切合作。我们未来将使用基于社区的协作性修复进程，尽可能将人们排除在正式司法系统之外。在这个体系中，律师（包括检察官）会把自己想象成治疗师和问题解决者，而不是角斗士。正如道格·诺尔（Doug Noll）所建议的那样，他们的工作不仅要列出法律选项，还要为客户提供有关情况和非法律选项的"冲突地图"。[1] 苏珊·赫尔曼（Susan Herman）建议，应该为那些受害者建立一个"平行正义"系统，不管是否已经确定了加害者，帮助那些受害者定义和满足他们的需求。一个平行的系统可以为那些受害者提供修复性的互动。[2] 一个真正独立的受害者援助机构应得到控方和辩方的信任，从而能够获得受害者需要的资料。这个体系中的每一个人——从执法人员到法官和其他人员——都会提出修复性正义的问题，比如：谁受到了伤害？他们的需求是什么？它们是谁的义务？对抗性法庭制度和监狱将被用作最

1　Doug Noll, *Peacemaking: Practicing at the Intersection of Law and Human Conflict* (Cascadia, 2003).

2　Susan Herman, *Parallel Justice for Victims of Crime* (National Center for Victims of Crime, 2010).

后的手段，并将尽可能按照修复性原则和价值来运作。[1]
应有的程序保护以非对抗性的方式建立起来。每一个
参与的人都寻求将他们的行动建立在一套明确的修复
性原则和价值观之上，结果将根据这些标准进行评估。

但那只是一个梦想，无疑受制于我自己看世界的
"视角"的局限和不足。一个真正修复性的"系统"
或方法可能被设计成什么样子，需要在许多不同的声
音之间进行对话。正如荷兰法学教授赫尔曼·比安奇
（Herman Bianchi）曾经对修复性正义运动的新发展所
说的那样，真正的正义需要无休止的"空谈"。

梦想和愿景很重要，正如我在《视角之变：一种

1　例如，由桑德拉·帕维尔卡（Sandra Pavelka）、安妮·西摩（Anne
Seymour）和巴里·斯图尔特（Barry Stuart）编辑的 *The Legacy of
Community Juistice* (Vernon, British Columbia: Jcharlton Publishing Ltd,
2013) 中，丹尼斯·马洛尼 (Dennis Maloney)、戈登·巴兹莫尔 (Gordon
Bazemore) 和乔·哈德森 (Joe Hudson) 概述了如何重塑缓刑，使缓刑
官员成为"社区治安官员"，帮助社区应对犯罪并调动社区资源。
同样令人感兴趣的还有，法官佛瑞德·麦克尔雷亚（Fred McElrea）
题为 *Restorative Justice as a Procedural Revolution: Some Lessons from
the Adversary System* 的论文，该文是 *Civilising Criminal Justice: An
International Restorative Agenda for Penal Reform* (Waterside Press, V.K.,
2013) 中的一章。麦克尔雷亚法官还呼吁建立社区司法中心，社区成
员可以直接受理他们的案件，而不是通过官方的司法程序。

犯罪和司法的新焦点》[1] 书中所言：

真正的正义需要
持续的对话。

> 我相信理想。很多时候，我们无法达到目标，但它们仍是一座灯塔，指引我们朝着它前进，检验我们的行动。它们指向一个方向。只有拥有方向感，我们才能知道自己何时偏离了方向。

我在该书后记最后一段这样写道：

> 我希望你们能把这理解为一个愿景——这个愿景不是海市蜃楼，而是一条必然漫长而迂回道路上的一个依稀可见的目的地。

一种生活方式

在我从事这项工作的岁月里，许多人评论修复性

1　Howard Zehr，*Changing Lenses: A New Focus for Crime and Justice*（Herald Press, 1990, 1995, 2005）.

正义实际上是一种生活方式。起初我很困惑，一种最初用来应对犯罪的方法，如何能变成一种生活方式或生活哲学？我的结论是，这与修复性正义所体现的道德体系有关。

西方的刑事司法体系旨在促进重要的积极价值观——对他人权利的承认、行为中施加界限的重要性、人权的中心地位。但这在某种程度上也是消极的。它认为，如果你伤害别人，我们就会伤害你。正如詹姆斯·吉利根所说，这是加害行为的镜像。[1] 因此，为了使其人性化，我们必须引入其他价值观来管理和缓和它。它本身并没有给我们一个美好的愿景。

修复性正义提供了一种内在的积极的价值体系，一种我们如何以赋予生命的方式共同生活的愿景。它基于这样一个假设——提醒我们这些生活在个人主义世界中的人，我们是相互联系的。它提醒我们，我们生活在人与人的关系中，我们的行为会影响他人，当这些行为有害时，我们就得承担责任。

1　James Gilligan, *Violence: Reflections on a National Epidemic* (Random House, 1996).

正如我前面所言，修复性正义必须以价值观为基础。很多价值观已经被表达出来了，但我喜欢关注"三R"价值观，即尊重（Respect）、责任（Responsibility）和关系（Relationship）。最后一个是基础性的，它提醒我们一个基本现实，一个在大多数文化和宗教传统中被清楚理解的现实。这也是人性的一个基本方面，正如丹尼尔·戈尔曼（Daniel Goleman）指出的那样，神经科学发现，作为人类，我们与他人"连接在一起"[1]。

修复性正义是一条河流

几年前，当我住在宾夕法尼亚州时，我和妻子曾经寻找流经该州的萨斯奎哈纳河（Susquehanna River）的源头。我们沿着它的支流的一条小河行走，来到一个农民的谷仓后面，发现有一根生锈的管子从山中伸出来。泉水从管子里流到一个浴缸，这个浴缸被用作给牛喂水的水槽。水溢出浴缸，沿着地面流淌，然后形成小溪，最终汇集成一条大河。

---

1 Daniel Goleman, *Social Intelligence: The New Science of Human Relationships* (Bantam, 2007).

当然，我们不能断定这股特别的泉水就是源头。附近还有其他的温泉可能争夺这一荣誉。当然，如果这条小溪没有其他数百条小溪的补给，它就不能发展为一条河了。因此，这条河和这股泉水成为我对修复性正义运动的一种比喻。

当代修复性正义领域始于 20 世纪 70 年代的一股股涓涓细流，这是少数人梦想着以不同的方式伸张正义的努力。它起源于实践和实验，而不是抽象的思想。修复性正义的理论和概念，是后来才出现的。尽管现代修复性正义溪流的直接来源是近期的事情，但其概念和实践借鉴的传统同人类历史一样深远，与国际社会一样广泛。

有一段时间，修复性正义溪流被我们的现代法律体系推入地下。然而，近几十年来，这条溪流重新浮出地面，并成为一条越来越宽广的河流。今天，修复性正义在全世界范围内得到关注犯罪问题的政府和社区的认可。全球成千上万的人将自己的经验和专业知识融入这条河流。这条河，像所有的河流一样，之所以存在，是因为它由从世界各地流入的众多支流汇聚而成。

一些支流主要是指实际的项目，如许多国家正在实施的计划。这条河还受到各种土著传统的供给，以及目前借鉴这些传统的适应性模式：新西兰受毛利人传统启发形成的家庭团体会议，来自加拿大北部第一民族社区的裁决对话圈，纳瓦霍人的建设和平法庭，非洲的习惯法，阿富汗的族长会议。调解和解决冲突的有关内容也汇入了这条河，过去几十年来的受害者权利和援助运动以及监狱运动的替代方案也是如此。汇入这条河的还有各种各样的宗教传统。

正义程序必须适合具体情况。

虽然来自许多社区和文化的实验、实践和习俗是有益的，但我们不能将其复制并简单地插入其他社区或社会中。它们应被视为不同社区和社会如何找到适合自己的方式来表达正义，并作为对不法行为进行回应的例子。这些方法可能会给我们带来灵感和新起点。虽然这些例子和传统可能无法提供蓝图，但它们可以作为形成思想和方向的催化剂。

这种以情境为导向的正义方法提醒我们，真正的正义产生于对话，并考虑到当地的需求和传统。这就是我们必须对实施修复性正义的自上而下战略非常谨慎的原因之一。

这里提出的论点非常简单。如果我们继续专注于当下驱动我们当前司法系统的问题，正义就得不到伸张。哪些法律被打破了？谁干的？他们应受到怎样的处罚？

相反，真正的正义要求我们提出这样的问题：谁受到了伤害？他们需要什么？这些是谁的义务和责任？谁与这种情况有利害关系？造成这种情况的原因是什么？利益相关者在寻找解决方案的过程中可以参与哪些过程？修复性正义要求我们，不仅要改变我们的视角，也要改变我们的问题。

最重要的是，修复性正义是一种参与对话的邀请，以便我们能够相互支持和相互学习。它提醒我们，我们所有人都被嵌入一个关系网。

附录

附录 1

修复性正义的基本原则 [1]

霍华德·泽尔

哈 里·米卡

> 这些原则于 1998 年首次发表，在某些方面已经过时了。为了保持连续性，我们决定以原始形式再现它们。我们倡导根据当地情况更新并调整它们。

一、犯罪从根本上说是对人和人际关系的侵犯

1. 受害者和社区受到伤害，需要修复

● 主要受害者是受犯罪影响最直接的人，但其他

---

1 Howard Zehr and Harry Mika, *Fundamental Principles of Restorative Justice*, The Contemporary Justice Review, Vol. 1, No. 1 (1998), 47-55.

人，如受害者和罪犯的家属、证人和受影响的
社区成员，也是受害者。

- 必须处理受到犯罪影响（和反射）的关系。
- 修复是对受害者、罪犯和社区所经历的各种需
  求和伤害进行回应的连续统一体。

2. 受害者、加害者和受影响的社区是正义的关键利益相关方

- 修复性正义程序利用这些当事方——特别是主
  要受害者和加害者——在寻求恢复、愈合、责
  任和预防的过程中，最大限度地参与。
- 这些当事方的角色将根据犯罪的性质以及当事
  方的能力和偏好而有所不同。
- 国家在职责范围内发挥作用，例如调查事实、
  协调程序和确保安全，但国家不是主要受害者。

二、违反规定会产生义务和责任

1. 加害人的义务是尽可能地修正错误

- 由于主要义务是对受害者的，修复性正义程序

使受害者能够有效参与界定义务。

- 为加害者提供机会和鼓励，让他们了解自己对受害者和社区造成的伤害，并制定承担适当责任的计划。
- 最大限度地使加害者自愿参与，使胁迫和排斥最小化。但是，如果加害者不自愿去做，则可以要求他们承担义务。
- 加害者造成的伤害所产生的义务应与纠正有关。
- 履行义务的体验可能是困难的，甚至是痛苦的，但不是为了解决痛苦、复仇或报复而履行义务。
- 对受害者的义务，如赔偿，优先于对国家的其他制裁和义务，如罚款。
- 加害者有义务积极参与满足自己的需求。

2. 社区的义务是对受害者和加害者的义务，也是对其成员的普遍福利的义务

- 社会有责任支持和帮助受害人满足其需求。
- 社区对其成员的福利，以及促进犯罪与社区和平的社会条件和关系负有责任。
- 社区有责任支持将加害者纳入社区的努力，积

极参与加害者有关义务的界定，并确保加害者
有机会进行补救。

三、修复性正义寻求治愈和纠正错误

1. 受害者对信息、验证、平复、赔偿、证词、安全和支助的需求是正义的出发点

- 保证受害者的安全是当务之急。
- 正义程序提供了一个框架，促进最终属于受害者个人领域的康复和愈合工作。
- 通过尽量扩大受害者的投入，增强受害者赋能，并通过参与，确定需求和结果。
- 加害者尽可能对伤害行为进行修复。

2. 正义程序最大限度地增加了受害者和加害者之间交流信息、参与、对话和达成共识的机会

- 在某些情况下，面对面的交流是合适的，而其他形式的交流在其他情况下更合适。
- 受害者在定义和指导交换的条款和条件方面发

挥着主要作用。

- 共同协议优先于强加的结果。
- 提供了悔改、宽恕与和解的机会。

3. 加害者的需求和能力得到满足

- 认识到加害者本身经常受到伤害，强调加害者的康复和融入社区。
- 加害者在正义程序中得到支持和尊重。
- 将罪犯逐出社区并严格限制违法者，但仅限于必要的最低限度。
- 正义重视个人的改变而不是屈从行为。

4. 社区的正义程序

- 社区成员积极伸张正义。
- 正义程序利用社区资源有助于社区的建设和提升。
- 正义程序试图促进社区的改变，以防止类似的伤害发生在其他人身上，并促进早期干预，以解决受害者的需要和追究加害者的责任。

四、正义对结果以及加害和受害行为的反应都有意义

- 正义监督和鼓励后续行动，因为在遵守协议的情况下，愈合、修复、问责和改变可以最大化。
- 确保公平，但不是通过无差异化的结果，而是通过向各方提供必要的支持和机会，以及避免基于种族、阶级和性别的歧视。
- 主要具有威慑力或消极性的结果应作为最后手段加以执行，在寻求修复有关各方的同时，进行限制性最小的干预。
- 抵制意外后果，例如为胁迫或惩罚目的而利用修复性程序、过度关注加害者或增强社会控制。

附录 2

修复性正义需要注意的诸多个"三"

霍华德·泽尔

> 附录 2 可以帮助读者在讨论或相关演示中合理使用。

一、修复性正义背后有三个假设

- 当人和关系受到伤害时，需求就会产生。
- 伤害造成的需求导致义务。
- 我们的义务是治愈并"纠正"伤害，这是一个公正的回应。

二、修复性正义的三个原则反映了这些假设。

正确的回应是：

- 修复由不当行为造成的和揭示的伤害（修复）。
- 鼓励对解决需求和修复伤害负有适当责任（问责）。
- 让包括社区在内的受影响者参与决议（参与）。

三、三种基本价值

- 尊重。
- 责任。
- 关系。

四、修复性正义有三个核心问题

- 谁受伤了？
- 他们的需求是什么？
- 谁有义务去满足需求、消除伤害及修复关系？
  （而不是：什么规则被打破了？这是谁干的？

他们应该得到什么惩罚？）

五、利益相关者群体应考虑或参与

- 那些受害者以及他们的家人。
- 加害者及其家人。
- 相关社区。

六、指导修复性正义的三种愿望：生活在正确关系中的愿望

- 彼此相伴。
- 创建性。
- 创造者。

附录 3

修复性正义？那是什么？

霍华德·泽尔

在浏览器上搜索"修复性正义"这个词，你会发现一些有关的网页中有超过一百万次的点击量。然而，这个词在 35 年前却几乎不存在，问它是什么意思，你可能会得到各种各样的答案。

对许多人来说，它意味着案件中的受害者和加害者之间的会面。一个家庭与入室盗窃的少年见面，表达了他们的感受，并协商了一个补偿计划。父母与杀害他们女儿的凶手见面，告诉凶手他们所受到的影响，并听到他们问题的答案。一所学校的校长和他的家人会见了一个男孩，该男孩在校园引爆了一枚管状炸弹，差一点击中了校长和他的孩子。这家人和邻居们担心这种情况再次发生的恐惧终于平息了，该男孩第一次意识到自己所做的事情有多么严重。

修复性正义包括受害者与加害者的接触项目。今天，全世界已经有成千上万这样的项目。但是修复性正义不仅仅是一种会面，它的范围也远远超出了刑事司法系统。越来越多的学校正在实施修复性的惩戒程序；宗教团体正在使用修复性方法来处理不法行为，包括神职人员性虐待；整个社会也在考虑使用修复性方法来处理大规模的违法行为。越来越受欢迎的是修复性会议或对话圈过程，它将人们聚集在一起，分享观点和关注点，并合作寻找解决家庭和社区所面临问题的方法。

修复性正义出现于20世纪70年代，目的是在西方法律体系的基础上，纠正其某些弱点，一个特别关切的领域是对受害者及其需要的忽视。法律正义在很大程度上关注如何处置罪犯。它还受到一种愿望的驱使，即让那些造成伤害的人真正承担责任。由于认识到惩罚往往是无效的，修复性正义旨在帮助犯罪者认识到他们所造成的伤害，并鼓励他们在可能的范围内弥补伤害。与其纠结于那些犯罪的人是否得到了应有的惩罚，不如采用修复性正义专注于修复犯罪的危害，并让个人和社区成员参与其中。

这基本上是常识——我们的父母和前辈教给我们的一种经验，并导致一些人称之为一种生活方式。当违法行为发生时，需要指出并承认。受害者的需求和损失能够得到重视，能够说出他们的故事，能够得到他们的问题的答案，也就是说，加害者引起的伤害和需求要得到处理。他们以及我们，需要让那些做错事的人承担责任，并采取措施尽可能地弥补伤害。

"修复性正义"这个术语的用法差别很大。有时它的使用方式与该领域的人们所期望的相差甚远。所以当看到这个词时，你可能会问自己这些问题：罪责被承认了吗？那些受害人的需求得到解决了吗？造成伤害的人是否被鼓励去理解伤害并履行纠正错误的义务？参与或受影响的人是否被邀请成为"解决方案"的一部分？是否对相关的每个人都表示了关注？如果这些问题的答案是否定的，那么即使它具有修复性的因素，它也不是修复性正义。

附录 4

十种修复活力的生活方式 [1]

霍华德·泽尔

① 认真对待人际关系，把自己想象在一个由人、机构和环境组成的相互关联的网络中。

② 试着意识到你的行为对他人和环境的潜在与实际影响。

③ 当你的行为对他人产生负面影响时，你应该通过承认努力去承担责任并修复伤害——即使你可以逃避或否认伤害。

④ 尊重每一个人，即使是那些你不希望再遇到的人，即使是那些你觉得不值得的人，即使是那些伤害过你或冒犯过别人的人。

---

1 参见 http://emu.edu/now/restorative-justice/2009/11/27/10-ways-to-live-restoratively/.

⑤ 尽可能让受到决策影响的人参与决策过程。

⑥ 把生活中的冲突和伤害看作机遇。

⑦ 富有同情心地倾听他人说话，寻求理解，即使你不同意他们的观点。（想想在后一种情况下，你想成为什么样的人，而不只是做个正确的人。）

⑧ 参与到与他人的对话中来，即使这种对话很困难，也要保持开放的心态，并从对话中提高对信息的认知。

⑨ 不要把你的"真理"和观点强加于他人与情景。

⑩ 敏感地面对日常生活中的不公正现象，包括性别歧视、种族歧视、同性恐惧症和阶级歧视。

　　下面的图表探讨了六项关键的修复性正义原则对刑事司法和修复性生活的一些影响。材料源于凯瑟琳·巴根（Catherine Bargen）改编的修复性正义原则、苏珊·夏普（Susan Sharpe）的《修复性正义：治愈和改变的愿景》（Restorative Justice: A Vision for Healing and Change）。同时感谢凯瑟琳对上述问题的建议。

修复性正义原则	刑事司法领域的应用	修复性生活领域的应用
邀请所有利益相关人参与并达成共识	受害者、加害者和社区在应对刑事伤害方面有发言权，并尽可能同意应该是什么结果	所有与伤害或冲突有利害关系的人都可以被邀请参加围绕这些问题的对话，并在结果或所作决定中拥有发言权。尽可能多地注意到并解决权力不平衡问题，以达成共识
治愈被破坏的东西	当犯罪发生时，不可避免地会出现治愈的需要。这可以采取情感治疗（针对受害者和加害者），关系修复或财产损失赔偿的形式	我们的日常互动和情况可能会导致伤害性的言语和行为，这可能会在我们的人际关系中产生不公正或不平衡的感觉。修复性方法尽可能地将这些伤害暴露出来，并为愈合和赔偿创造空间
寻求全面和直接的问责	加害者需要对自己的行为和选择负责。他们有机会直接向他们伤害的人解释他们的行为，并履行他们的行为所产生的义务	当伤害发生时，我们可以营造一种环境，鼓励我们在伤害行为或滥用权力中为自己的角色负责。修复性地生活意味着真诚期望自己和他人以公平合理的方式对我们的行为负责

修复性正义 原则	刑事司法领域 的应用	修复性生活领域 的应用
重新统一被分裂的东西	受害者与加害者都常常感到与社区隔绝，虽然这两个群体感到被孤立原因可能不同。所有受犯罪影响的人都有需求。这些过程可以创造一种新的整体感和案件终结感，以及重新融入社区的感觉	在我们的互动场所，伤害性或破坏性的行为会产生孤立感和被抛弃的感觉。它可能导致个人偏袒一方并发展出"我们／他们"的心态。修复性生活旨在尽可能地评估我们社区中发生分歧的地方，并努力实现平衡，理解与和解
治愈被破坏的东西	当犯罪发生时，不可避免地会出现治愈的需要。这可以采取情感治疗（针对受害者和加害者），关系修复或财产损失赔偿的形式	我们的日常互动可能会导致伤害性的言语和行为，这可能会在我们的人际关系中产生不公正或不平衡的感觉。修复性方法尽可能地将这些伤害暴露出来，并为愈合和赔偿创造空间
加强社区，防止未来的危害	修复性正义程序不仅侧重于当下犯罪的细节，而且侧重于社区中犯罪的系统性原因，以及如何解决这些问题。通过这种方式，为所有人创造了一个更健康、更安全的社区，而不仅仅是那些希望免受犯罪侵害的人	大多数社区最终可以在必要时利用伤害情况来学习、成长和改变。当以修复性方式生活时，我们可以帮助阐明系统性的不公正和权力失衡。然后，我们倡导积极的改变，以使社区成为一个更健康、更公正的地方

附录 5

修复性正义与建设和平

在我所在的正义与建设和平中心，我们把建设和平看作一个广义的术语。正如我的同事丽莎·席尔奇（Lisa Schirch）在《战略性建设和平小书》（*The Little Books of Strategic Peacebuilding,* Good Books, 2004）中所解释的那样，它包含了广泛的领域、项目和方法，旨在创建一个公正和平的社会。

建设和平是关于建立和维持健康的关系，并修复那些已经破裂的关系。鉴于这一重点，修复性正义可为建设和平与解决冲突或转化冲突等和平建设领域提供以下具体贡献。

❶ 认识冲突涉及的必须加以解决的不公正现象。

❷ 对不法行为的关系理解，侧重于对人和关系的影响，而不是对规则的影响。

❸ 一套原则，在发生伤害或错误时指导我们。

❹ 一组具体做法，虽然它们使用了一些类似于解决冲突的技能，但允许参与者指出和处理所涉及的危害和由此产生的义务。

❺ 以核心价值观和原则为指导，是健康人际关系的基础。

附录 6

推荐阅读

一、与修复性正义有关的"正义与建设和平小书"书单

- David R. Karp, *The Little Book of Restorative Justice for Colleges and Universities.*
- Allan MacRae and Howard Zehr, *The Little Book of Family Group Conferences, New Zealand Style.*
- Kay Pranis, *The Little Book of Circle Processes.*
- Lorraine Stutzman Amstutz, *The Little Book of Victim Offender Conferencing.*
- Lorraine Stutzman Amstutz and Judy H. Mullet, *The Little Book of Restorative Discipline for Schools.*
- Barb Toews, *The Little Book of Restorative Justice*

for People in Prison. Carolyn Yoder, *The Little Book of Trauma Healing.*

- Howard Zehr, *El Pequeño Libro De Justicia Restaurativa.*

二、作者相关资源

- *Changing Lenses: A New Focus for Crime and Justice* (Herald Press, 1990, 1995, 2005).

- *Doing Life: Reflections of Men and Women Serving Life Sentences* (Good Books, 1996, 2010).

- *Transcending: Reflections of Crime Victims* (Good Books, 2001).

- *What Will Happen to Me? with Lorraine Stutzman Amstutz* (Good Books, 2011).

- *Critical Issues in Restorative Justice,* with Barb Toews (Lynne Rienner, 2004).

- The Zehr Institute for Restorative Justice (webinar series and other resources) available at http://emu. edu/cjp/restorative-justice/.

译名对照

CSA（Circles of Support and Accountability）

支持和问责对话圈

Daniel Goleman 丹尼尔·戈尔曼

Decrease repeat crimes 减少重复犯罪

Domestic violence 家庭暴力

Doug Noll 道格·诺尔

Empowerment 赋权

Engagement 参与

Fania Davis 法尼亚·戴维斯

FGC（Family group conferences） 家庭团体会议

Hate crimes 仇视性犯罪

Harm 伤害

Herman Bianchi 赫尔曼·比安奇

Interpersonal dimensions of crime 犯罪人际维度

Interrelationships 相互关系

James Gilligan 詹姆斯·吉利根

Jarem Sawatsky 贾勒姆·萨瓦茨基

Jirga 巴基斯坦传统族长会议

Justice 正义

Kay Pranis 凯·普拉纳斯

State justice	国家正义
Susan Herman	苏珊·赫尔曼
Susan Sharpe	苏珊·夏普
The neutralizing strategies	中和策略
The youth courts	少年法庭
Transitional justice	过渡性正义
Vindication	平复
VOC（Victim offender conferences）	
	受害者与加害者会议
VORP（Victim Offender Reconciliation Program）	
	受害者与加害者和解计划
Western legal system	西方法律制度